马克思主义经典著作解读丛书

Makesi Zhuyi Jingdian Zhuzuo Jiedu Congshu

主编 / 王为全

世界社会主义文献中的优秀著作

《英国工人阶级状况》

解读

朱秀梅 ◎编著

中国出版集团
现代出版社

图书在版编目(CIP)数据

世界社会主义文献中的优秀著作：《英国工人阶级状况》解读 / 朱秀梅编著. —北京：现代出版社,2016.1 （2025.1重印）

ISBN 978-7-5143-1537-0

Ⅰ. ①世… Ⅱ. ①朱… Ⅲ. ①《英国工人阶级状况》-恩格斯著作研究 Ⅳ. ①A811.21

中国版本图书馆 CIP 数据核字(2014)第 106567 号

作　　者 朱秀梅
责任编辑 王敬一
出版发行 现代出版社
通讯地址 北京市安定门外安华里 504 号
邮政编码 100011
电　　话 010-64267325 64245264(传真)
网　　址 www.1980xd.com
电子邮箱 xiandai@cnpitc.com.cn
印　　刷 三河市嵩川印刷有限公司
开　　本 700mm×1000mm 1/16
印　　张 12
版　　次 2016 年 1 月第 1 版 2025 年 1 月第 3 次印刷
书　　号 ISBN 978-7-5143-1537-0
定　　价 48.00 元

前　言

《英国工人阶级状况》是无产阶级革命导师恩格斯在实地调查基础上进行科学研究的产物，写作于1844年9月至1845年3月，1845年5月在莱比锡出版，是恩格斯早期的著作。同时也是科学社会主义形成时期的一部重要著作，是世界上第一部反映工人阶级状况的书籍，论述了工人阶级在资本主义制度下的社会地位、斗争历程和历史使命，为工人阶级的彻底解放指明了道路。

1842年11月至1844年8月，恩格斯在他父亲的公司工作，在这近两年的时间里，他没有被资产阶级的灯红酒绿所迷住。他抛弃了资产阶级的社交活动，深入到工人中去，与工人交朋友，亲自了解工人的疾苦，亲眼察看他们的生活、劳动和斗争。这些恩格斯在《致大不列颠工人阶级》信中说道：我愿意在你们的住宅中看到你们，观察你们的日常生活，同你们谈谈你们的状况和你们的疾苦，亲眼看看你们为反抗你们的压迫者的社会的和政治的统治而进行的斗争。我是这样做了，我抛弃了社交活动和宴会，抛弃了资产阶级的红葡萄酒和香槟酒，把自己的空闲时间几乎都用来和普通的工人交往。

在《英国工人阶级状况》中，恩格斯用第一手材料和官方数据阐述了英国资本主义工业的发展史和工人阶级形成和壮大的过程，以具体材料真实地展现了工人阶级在资本主义制度下的悲惨生活，同时也揭示了这种生活的社会根源是资本主义制度。恩格斯宣布，工人阶级必然会为争取自身解放而去推翻资本主义制度，也指出了英国工人运动的发展历程和前进方向。工人运动只有与社会主义相结合才能有出路，而社会主义只有成为工人阶级政治斗争的目标才能赢得胜利，到那时工人阶级才会真正成为英国的统治者，从而实现改造社会的任务。同时，恩格斯也第一次对资产阶级的利己主义、金钱道德作了淋漓尽致的揭露和批判，揭露了资产阶级剥削本质，准确预言了英国工业即将衰败的现实，阐述了资本主义经济危机的周期性及其必然性。

《英国工人阶级状况》的出版影响巨大，在《共产党宣言》问世以前，这部著作对在德国传播共产主义思想作出了很大的贡献，马克思、列宁给予高度评价。本书试图解读《英国工人阶级状况》，为使读者真实了解 19 世纪中期英国工人阶级的悲惨状况，本书的很多内容都是从原著节选并改编的，并尽量做到语言通俗化。

最后，希望《英国工人阶级状况》能成为青少年了解英国工人阶级悲惨状况并完成自身历史使命的一把钥匙。

目　录

第一章 《英国工人阶级状况》概说

《英国工人阶级状况》是恩格斯的早期著作（24 岁），是恩格斯在英国居住期间（1842 年 11 月－1844 年 8 月）研究英国无产阶级的生活条件和处境的理论成果。

第一节 《英国工人阶级状况》写作背景与目的

19 世纪的英国，是世界上第一个工业革命和工业化的资本主义国家，也是遥遥领先的世界强国。19 世纪 40 年代的伦敦、利物浦、曼彻斯特等大城市，托福于产业革命，一座座大工厂拔地而起，英国已经成了“世界工厂”。英国的产品几乎占整个世界工业产品的 50%。财富像魔法一样从工厂涌流出来。鳞次栉比的商业街，豪华的大剧院，哥特式的教堂，林荫道两旁宽敞舒适的富人住宅，每一刻钟或半点钟都有公共马车经过。产业革命创造了灿烂的城市文明。在这些城市文明光环照不到的地方，掩藏着一个悲惨世界，这就是工人的贫民窟和贫民窟里的工人。自由资本主义时代，又被称为“野蛮资本主义”。曼彻斯特是英国纺织业的中心，是“野蛮资本主义”的典型，那里的工人受的苦难最深，给恩格斯留下了极其深刻的印象。

工业革命中，机械大工业逐渐代替了手工业生产，工人却由生产的主体沦为机器的附属品。资本家为牟取最大利润，总是千方百计增加工时，提高劳动强度，降低工资，甚至雇佣妇女儿童而且给予较低的工资。但是，资本家却不能给予工人必要的劳动安全保障，劳动环境恶劣，工伤事故不断，严重危害工人的身体健康和人身安全，经常引发工人的罢工抗议。1841 年受命调查煤矿工业的皇家委员会提交了一份使整个英国感到震惊的报告，报告揭露出煤矿里种种野蛮景象：雇佣妇女和儿童，工时之长达到残酷的程度，没有安全设施，卫生条件和道德状况普遍很差，令人恶心。关于这个报告的讨论以及其他工业揭露出来的类似状况，几乎立即在英国掀起批评工业社会的浪潮。工业革命和资本主义所带来的这些负面效应必然要激化劳资矛盾，并进而影响到社会的稳定和经济的发展。工业革命和市场竞争的加剧，还造成了大批穷人，社会出现了不平等和贫穷现象。到 19 世纪晚期，英国国内有近百万人失业，急需政府出面予以救济。在自由资本主义发展的鼎盛时期，资产阶级藐视人权，不把失业工人和穷人当做人来看待，认为贫困是由于“个人懒惰”所致，因而应由“个人负责”。以这样的思想观念为指导，1834 年，在工业资产阶级的推动下，政府制定了一部《济贫法》。这部法律规定，在各地建立济贫院，凡无生活来源、需要社会救济者必须进入济贫院。但是被救济者在济贫院内被迫从事繁重的体力劳动，里面的生活条件又极为恶劣。政府和资产阶级认为，如果接受救济的人生活得同自食其力的人一样好，那么这种救济制度就会从根本上使所有人丧失勤奋努力、刻苦自励的精神，如果真的实施这种制度，那么作为其补充，就需要一种有组织的强迫劳动制度，来迫使那些没有自立动机的人像牛马那样干活儿。可见，这部《济贫法》实际上把“救济穷人”变成了一种“惩治穷人”的手段，其最终目的是为了摆脱济贫税负担和为资本主义生产提供充足的劳动力来源。这样的法律引起工人阶级的普遍不满。一位外国学者这样概括当时的英国：19 世纪的英国其国际地位因为拿破仑的战败而比以前任何时候都更强大，但是国内却陷入了严重的社会和政治危机时期。工商业已成为经济活动的中心，涌入城市的工人不断增加，但议会两院仍由极其保守的世袭贵族、主教和土地贵族把持着。这时，由于拿破仑战争弄得精疲力竭的欧洲大陆对英国工业所能提供的出口市场十分有限，因而英国的失业人口猛增，工资下降。而土地所有者却实行谷物的关税制，以抑制粮食的廉价进口，这进一步加深了民众的苦难。

1844 年 8 月恩格斯在巴黎与马克思会见，决定与马克思共同进行理论研究，为无产阶级事业进行斗争，并开始合作《神圣家族》一书。该书就是为从理论上彻底批判思辨唯心主义的思潮而写的。书中马克思和恩格斯阐述了物质生产在社会发展中起决定作用的思想，批判了鲍威尔等人把“精神”和“群众”绝对对立起来的错误观点。他们认为，决定历史发展的是物质生产，不是自我意识。不去认识某一历史时期的工业和生活本身的直接生产方式，就不可能真正地认识这个历史时期。他们还对思想的作用做了唯物主义的说明，认为思想的能动作用是受物质的社会关系、需要和利益所制约的。鲍威尔则宣扬自我意识的活动是一切历史行动的积极因素，只能用自我意识去捏造历史行动，这正好暴露了他们世界观的主观唯心主义实质。作者指出：思想只有反映了社会的现实需要，反映广大群众的利益，才能成为有助于社会发展的力量。马克思和恩格斯提出了人民群众在历史中起决定作用这一重要的历史唯物主义原理，指出随着物质生产的发展，群众必然会认识到自己的利益同少数统治者的利益相冲突，必然会日益自觉地参加到社会的历史活动中来，群众是社会进步的主要动力。

恩格斯在巴黎停留 10 天，写完了《神圣家族》中他所分担的 7 个章节之后，1844 年 9 月 9 日离开巴黎回巴门，1844 年 9 月到 1845 年 3 月恩格斯以英国工人阶级为典型，写成了《英国工人阶级状况》一书，后来在莱比锡出版。当时，恩格斯是想把英国工人阶级的状况、他们的苦难和斗争、他们的希望和要求、他们的敌人——资产阶级的真实情况等描绘给自己的德国同胞们。因为德国无产阶级的境况还没有像英国那样典型，“对英国的灾难的揭露将推动我们去揭露我们德国的灾难，而且还会给我们一个尺度来衡量我们的灾难”。而“德国的社会主义和共产主义比起任何其他国家的社会主义和共产主义来，都更加是从理论前提出发的，因为我们，德国的理论家们，对现实世界了解得太少，以致现实的关系还不能直接推动我们去改造这个‘丑恶的现实’。”

《英国工人阶级状况》发表后，于1845年夏，恩格斯曾对这本书作了补充评述，指出：我主要是描述了资产阶级和无产阶级之间的相互关系以及这两个阶级之间斗争的必然性，而对我来说特别重要的是要说明无产阶级的这一斗争是完全合法的，是要用英国资产阶级的丑恶行径来戳穿他们的花言巧语。我写作这本书，从第一页到最后一页，就是对英国资产阶级的起诉书。

恩格斯在《致大不列颠工人阶级》这篇文章中，叙述了自己的写作目的，他说：我献给你们一本书。在这本书里，我想把你们的状况、你们的苦难和斗争、你们的希望和要求的真实情况描绘给我的德国同胞们。我愿意在你们的住宅中看到你们，观察你们的日常生活，同你们谈谈你们的状况和你们的疾苦，亲眼看看你们为反抗你们的压迫者的社会的和政治的统治而进行的斗争。同时我也有很多的机会来观察你们的敌人——资产阶级，他们的利益和你们的利益是完全对立的，他们只有一个目的就是当你们的劳动的产品能卖出去的时候就靠你们的劳动发财。恩格斯在德文本第一版序言中也指出：工人阶级的状况是当代一切社会运动的真正基础和出发点，因为它是我们目前社会一切灾难的最尖锐最露骨的表现。法国和德国的工人共产主义是它的直接产物。所以，为了给社会主义理论，同时给那些认为社会主义理论有权存在的见解提供坚实的基础，为了肃清赞成和反对社会主义理论的一切空想和臆造，研究无产阶级的境况是十分必要的。但是只有在大不列颠，特别是在英国本土，无产阶级的境况才具有完备的典型的形式；而且也只有在英国，才能搜集到这样完整的并为官方的调查所证实了的必要材料，这正是对这个问题进行稍微详尽的阐述所必需的。描述不列颠王国无产阶级的境况的典型形式，特别在目前对德国来说是具有极其巨大的意义的。德国的社会主义和共产主义比起任何其他国家的社会主义和共产主义来，都更加是从理论前提出发的，因为我们，德国的理论家们，对现实世界了解得太少，以致现实的关系还不能直接推动我们去改造这个"丑恶的现实"。在公开拥护这种改造的人们当中，几乎没有一个不是通过费尔巴哈对黑格尔哲学的克服而走向共产主义的。这些表明，《英国工人阶级状况》一书是为英国工人阶级写的，他通过真实地描写英国工人阶级的悲惨的生活状况来唤醒和激发工人阶级的阶级意识，使他们懂得工人阶级的利益和资产阶级的利益是完全对立的，工人阶级只有反抗，才有出路。

第二节 《英国工人阶级状况》的文本结构

《英国工人阶级的状况》是恩格斯于1845年3月写成的，同年在莱比锡出版。原文是德文，由弗洛伦斯·凯利－威士涅威茨基夫人译成英文，于1887年5月在美国出版，1892年由斯万·容涅先公司在伦敦再版。当年，恩格斯是“为了给社会主义理论，同时给那些认为社会主义理论有权存在的见解提供坚实的基础，为了肃清pro et conga（赞成和反对）社会主义理论的一切空想和臆造”，而研究工人阶级的境况的：之所以描述英国工人阶级的状况，是因为“只有在大不列颠，特别是在英国本土，无产阶级的境况才具有完备的典型形式；而且也只有在英国，才能搜集到这样完整的并为官方的调查所证实了的必要材料。”因此，恩格斯在21个月内通过亲身的观察和交往，并以必要的可靠的材料作补充，直接研究了英国工人阶级的状况、苦难和斗争、希望和欲求，由此揭露了英国灾难。

《英国工人阶级状况》在1892年再版时，恩格斯在1887年“美国版附录”中提出，必须告诉读者：不应当把“英国工人阶级状况”这本书当作一本成熟的马克思主义的著作。他这样写道：“……在本书中到处都可以发现现代社会主义从它的祖先之一即德国古典哲学起源的痕迹。例如本书（特别是在末尾）大力强调：共产主义不纯粹是工人阶级的党的学说，而且是一种理论，其最终目的就是把连同资本家在内的整个社会从现存关系的狭窄的范围中解放出来。这个论断在抽象的意义下是正确的，然而在实践中却是无益的，甚至多半是有害的。既然有产阶级不但自己不感到有任何解放的需要，而且以全力反对工人阶级的自我解放，那末工人阶级就应当单独地准备和进行社会革命。”接着，恩格斯就解释，为什么他在1845年所做的“英国将在最近发生社会革命”的预言没有被证实。他认为，1848 年以后宪章运动的低潮和英国工人运动中机会主义的暂时胜利是与英国工业垄断世界市场有直接联系的，并且他确信，一旦英国丧失了垄断地位，“社会主义将重新在英国出现”。

《英国工人阶级状况》，全书不包括序言将近23 万字。《英国工人阶级状况》一书大体可以分为 3 部分：4 篇序言、导言和正文的 11 部分内容。

序言分别是：恩格斯在 1845 年 3 月 15 日写于巴门的德文第一版序言；1886 年 2 月 25 日写于伦敦，1887 年在纽约出版美国版序言；1892 年 1 月 11 日写于伦敦，载于 1892 年在伦敦出版的英国版序言；1892 年 7 月 21 日写于伦敦载于 1892 年在斯图加特出版的德文第 2 版序言。

在导言中，主要阐述了工人阶级状况改变的主要原因是工业革命，对比了工业革命前后英国工人阶级的状况，在使用纺织机器之前，纺纱织布在工人家中进行，但是珍妮纺纱机的诞生根本改变了这种状况，织工逐渐抛弃了农业专门织布，由此产生了工业无产阶级，也促进了农业无产阶级的产生。同时也阐述了英国工业革命的历史，恩格斯指出：英国工人阶级的历史是从 18 世纪后半期，从蒸汽机和棉花加工机的发明开始的。这些发明推动了产业革命，产业革命同时又引起了市民社会中的全面变革。

第三节 《英国工人阶级状况》主要内容

《英国工人阶级状况》正文内容总共11部分，恩格斯并没有按章节结构进行写作，笔者按照写作顺序，把这11部分内容确定为11章。

第一章工业无产阶级，在本章主要阐述了无产阶级产生的顺序，产业工人是工人运动的核心，资本集中从而使从事手工业的小资产阶级破产，它用这些资本来使自然力为自己服务，把个体手工业者从市场上排挤出去。分工、水力（特别是蒸汽力的利用）、机器的应用，这就是从18世纪中叶起工业用来摇撼旧世界基础的三个伟大的杠杆，小工业创造了资产阶级，大工业创造了工人阶级。

第二章大城市，这章篇幅比较大内容比较多，在本章主要阐述了大城市的繁荣以及工人阶级为大城市的繁荣所付出的沉重代价。本章列举了伦敦、都柏林、爱丁堡、利兹、利物浦、格拉斯哥、西约克郡、南郎卡郡、布莱得弗德、曼彻斯特等大城市，介绍了生活在这些大城市中的城市面貌与环境污染、人口集中与增长、工人阶级的住宅、生活环境、穿着与饮食情况。这些将在本书的第四章、第五章详细介绍。

第三章竞争，在本章主要阐述了工人阶级之间的竞争、资产阶级之间的竞争，竞争最充分地反映了流行在现代市民社会中的一切人反对一切人的战争。竞争使工人的平均工资降低并导致出现失业大军，盲目的竞争使经济发展出现投机和周期性危机。

第四章爱尔兰移民，在本章中主要阐述了爱尔兰移民原因和爱尔兰人的生活习惯，爱尔兰移民与英格兰工人的竞争导致工人阶级状况的恶化。

第五章结果，由于以上原因，所以结果就是英国工人阶级状况逐步恶化。本章篇幅比较大，恩格斯对工人阶级的生存及工作环境做了细致而生动的描述。恩格斯指出：英国社会把工人置于这样一种境地，他们既不能保持健康，也不能活得长久；它就这样不停地一点一点地毁坏着工人的身体，过早地把他们送进坟墓。社会知道这种状况对工人的健康和生命是怎样有害，可是一点也不设法来改善，因而这种行为就是社会谋杀。恩格斯描述了由于空气污染而导致工人疾病的产生、工人恶劣的饮食而导致的消化不良等疾病、由于酗酒而导致健康继续恶化、繁重的工作使父母没时间照顾孩子而导致的工人子女早亡、教育缺失、道德沦丧及产生原因。同时恩格斯指出无产阶级的生活处境及与资产阶级的完全对立，必然会导致社会战争，敌对的各方面已渐渐分成互相斗争的两大阵营：一方面是资产阶级，另一方面是无产阶级。这个一些人反对一些人的、无产阶级反对资产阶级的战争总有那么一天会发生一种使有产阶级大吃一惊的、连他们的智者也梦想不到的意外事件。

第六章个别的劳动部门，在本章主要阐述了纺织工业部门工人的状况。在这个部门手工劳动几乎到处都被机器排挤掉，而机器的广泛应用，导致了大批工人失业、工资降低、成年男工完全被排挤。成年男工被排挤的结果使现存的社会秩序必然会颠倒过来，女人外出工作，结果破坏了家庭，在工厂区，小孩子因缺乏照顾而酿成的不幸事件越来越多。而妇女在工厂里工作，在道德方面引起了更加严重的后果，城市中的大多数妓女都是工厂造成的。劳动对男工、女工和童工都造成了巨大的伤害：儿童的高死亡率、身体的畸形和疾病甚至残废，男工的未老先衰和早亡、高温导致的女工晚熟、职业病等。

第七章其他劳动部门，在本章主要阐述了 4 个部门的工人状况。第一个部门是针织部门工人的身体状况、工资状况、住所和饮食状况、生产过程等对身体的危害；第二个部门是金属制品的生产。这种生产的中心是制造各种精细金属制品的伯明翰、生产各种刀的设菲尔德以及生产锁、钉子等等比较简单的商品的斯泰福郡，特别是乌尔未汉普顿。恩格斯分别介绍了这几个地区的工人状况，男人被机器排挤，连孕妇都出来工作，家庭和孩子无人照管，他们不关心甚至讨厌家庭生活，道德败坏，他们有一半人不知道什么叫吃饱，儿童发育不良甚至畸形，教育水平低下，职业病严重且多发。

第八章工人运动，在本章恩格斯指出：如果他们不去和资产阶级的利益作斗争，他们就不可能摆脱这种状况。但是资产阶级却用他们的财产和他们掌握的国家政权所能提供的一切手段来维护自己的利益。工人一旦表明要摆脱现状，资产者就立刻成为他们的公开敌人。初期的工人运动表现为：用犯罪和暴力来反对使用机器。当1824年工人得到自由结社的权利时，工会很快地布满了全英国并有巨大的意义，这时的工人运动表现为有组织的运动，工人开始罢工并争取法律保护，他们力求以无产阶级的法律来代替资产阶级的法律，无产阶级所提出的这种法律就是人民宪章。工人和资本家的对立愈尖锐，工人中的无产阶级意识也愈发展，他们有自己的利益和原则、有自己的世界观的独立的阶级，是和一切有产阶级相对立的阶级，同时也是国家力量所系并能推动国家向前发展的阶级。

第九章矿业无产阶级，在本章恩格斯描述了矿工的悲惨生活。实物工资制在这里常规，并且是明目张胆地实行的。这里普遍采用而且多半是由于必要才采用的小宅子制也加强了对工人的剥削。矿工中童工很多，他们身材矮小、发育很晚、身体畸形。所有的矿工都劳动繁重而且劳动时间很长，每天超过10小时甚至到14小时。他们大都身患疾病，比如胃病、心脏病、哮喘病、黑痰病和风湿病等，他们也大都未老先衰。他们的工作环境肮脏、危险，比如在煤矿中极容易发生瓦斯爆炸。矿业工人的知识水平和道德水平一般也是很低的。恶劣的生存状况迫使矿工也渐渐出现了反抗精神。

第十章农业无产阶级，本章主要阐述了农业灾难和农民的破产。同时也描述了农业无产阶级的悲惨生活：农业区的贫困每年都在加剧，人们过着极端贫困的生活，整家整户的人每星期就靠六七个或七八个先令过活，有时候连这一点钱也没有。1844 年 6 月，“泰晤士报”派了一个记者到这些地方去调查这类人的状况，某些地区每星期的工资不超过 6 先令；他们的食物又坏又少，衣服破破烂烂，住所狭窄简陋，只是一间没有任何设备的可怜的小茅屋；年轻人住的是男人和女人几乎一点也不隔离的夜店，这就引起了混乱的性关系。在这章恩格斯指出了这种贫穷的原因就在于现代的社会关系，特别是竞争。这样的状况必然也会引起农民的反抗，但是农民还处在直接反抗阶段，他们进行社会战争的惯用的手段就是纵火或者犯罪，随着无产阶级本身增长和壮大，无产阶级为了反对资产阶级而进行的流血的和不流血的公开斗争将会增多。

第十一章资产阶级对无产阶级的态度，本章里所谈的资产阶级，也包括贵族阶级在内，无产者把它们二者都看作有产阶级。恩格斯揭露了资产阶级在法律庇护下个人利益至上、唯利是图、崇尚金钱的本性，但是千万不要以为资产阶级会公开承认这种自私自利。相反地，他用最可耻的伪善的假面具把它遮盖起来。他们吸干了无产者最后的一滴血，然后再对他们施以小恩小惠，使自己自满的伪善的心灵感到快慰，并在世人面前摆出一副人类恩人的姿态。他们修改旧济贫法，而由此产生新济贫法，一切金钱的或实物的救济都取消了，只承认一种救济方式——把穷人收容到已经在各处迅速建立起来的习艺所里去，这些习艺所被称为“穷人的巴士底狱”。穷人们拒绝在这样的条件下接受社会救济，他们宁愿饿死也不愿到这些巴士底狱里去，济贫法委员会完全达到了自己的目的。但同时，习艺所的建立更激起了无产阶级对有产阶级的强烈的仇恨，新济贫法大大地促进了工人运动的发展。同时，恩格斯也指出了资产阶级的前途和无产阶级革命的必然性。

第二章　英国工人阶级状况改变原因——工业革命

在《英国工人阶级状况》导言中，恩格斯指出英国工人阶级的历史是从18世纪后半期，从蒸汽机和棉花加工机的发明开始的。这些发明推动了产业革命，产业革命同时又引起了市民社会中的全面变革，而它的世界历史意义只是在现在才开始被认识清楚。英国是发生这样一种变革的典型国家，也是无产阶级发展的典型国家。

第一节　工业革命前的英国工人阶级状况

一、家庭生产

在使用机器以前，纺纱织布都是在工人家里进行的。妻子和女儿纺纱，父亲把纱织成布；如果他自己不加工，就把纱卖掉。这些织工家庭大部分都住在靠近城市的农村里，靠自己挣的钱也能生活得不错，因为就布匹的需求来说，本地市场几乎是唯一的市场，而竞争的威力也还没有对工资发生显著的影响。加以本地市场的需求还不断地在扩大，这种扩大和人口的缓慢增长是步调一致的，并且保证了一切工人都有工作，他们之间没有激烈的竞争。大部分织工甚至还能够积蓄一点钱，并且租一小块地在空闲的时候耕种。至于空闲的时间，他们愿意有多少就有多少，因为在什么时候织布和织多少布是随他们便的。的确，他们是蹩脚的庄稼人，他们的耕作是马马虎虎的，也没有很多的收入；但是，至少他们还不是无产者，在社会上的地位比现在的英国工人要高一等。他们大部分是些强壮、结实的人，在体格上和邻近的农民很少或者甚至完全没有区别。孩子们生长在农村的新鲜空气中，偶尔也帮助父母做些事情。

二、道德水平

工业革命前，手工纺织工人基本上与和城市是隔离的。他们把纱和布交给跑四方的包买商，从他们那里取得工资；直到最后机器剥夺了他们的收入，把他们吸引到那里去寻找工作。

道德和智力方面和农民一样，由于有一块租来的土地，他们把乡绅——当地最大的土地占有者——看作自己“天然的长上”，向他讨主意，请他当公断人，对他表示这种宗法关系所应有的尊敬。

他们过着道德的生活，喜欢严格的生活规律，每天晚上很早就把买卖收了。孩子们成天和父母待在家里，受的教育是服从父母，敬畏上帝。宗法的家庭关系一直保持到孩子们结婚。年轻人是在幽静纯朴的环境中、在和婚前的游伴互相信赖的气氛中长大的。

当时英国产业工人的生活和思想是闭关自守，在自己的生活环境中没有激烈的波动。他们当中能读书的很少，能写写东西的就更少了；他们按时上教堂去，不谈政治，不搞阴谋活动，热衷于体育活动，带着从小养成的虔敬的心情听人讲圣经，由于他们为人忠厚温顺，和社会上比较有特权的阶级相处得很和睦。假若没有产业革命，他们是永远不会丢开这种生活方式的。产业革命只是促使这种情况达到顶点，把工人完全变成了简单的机器，把他们最后剩下的一点独立活动的自由都剥夺了，可是，它却以此迫使他们思考，迫使他们争取人应有的地位。英国的工业和整个市民社会运动把最后的一些还对人类共同利益漠不关心的阶级卷入了历史的巨流。

第二节 机器对英国工人的影响

一、工业无产阶级的产生

18 世纪中期，英国工人瓦特改良了蒸汽机，英国工人哈格里夫斯发明了珍妮纺纱机，从此，诞生了一系列技术革命，人类的生产活动由从以手工劳动转变为以动力机器生产为主，资本主义生产也从从工场手工业过渡到机器大工业。人类历史进入了“机器时代”（the Age of Machines）。近代史上的这一以机器取代人力，以大规模工厂化生产取代个体工场手工生产的生产与科技的变革，被恩格斯称为“工业革命”。随后工业革命传播到英格兰再到整个欧洲大陆，19 世纪传播到北美地区。后来，工业革命传播到世界各国。工业革命是生产技术的变革，同时也是一场深刻的社会关系的变革。从生产技术方面来说，它使机器代替了手工劳动；工厂代替了手工工场。从社会关系说，它使社会明显地分裂为两大对立的阶级——工业资产阶级和工业无产阶级。

使英国工人的状况发生根本变化的第一个发明是珍妮纺纱机。它是后来的骡机的雏形，是用手摇的，普通的手摇纺车只有一个锭子，而它有 16~18 个锭子，只要一个人摇就行。这种机器提高了劳动生产率，降低了生产成本，布匹的价格也跟着降低，于是加大了对布匹的需求。这就需要更多的织工，而他们的工资也就提高了，于是织工就逐渐抛弃了自己的农业而专门织布了。兼营农业的织工阶级就这样逐渐完全消失而变成了一个新兴的织工阶级，他们光靠工资生活，没有丝毫财产，他们就变成了无产者。此外，纺工和织工从前的那种关系也完结了。从前，纺纱和织布是尽可能地在一个屋子里进行的。现在，使用珍妮纺纱机像使用织机一样，都需要有气力，于是男人也开始做纺纱的工作了，而且这个工作变成了全家生活的唯一来源；可是另外一些家庭却刚刚相反，把过时的、落后的手摇纺车扔在一边，不得不单靠当家人的织机过活。后来工业中无止境地发展的分工就是这样从织布和纺纱开始的。

二、农业无产阶级的产生

珍妮纺纱机的出现也促进了农业无产阶级的产生。在这以前，自耕农过着平静的生活，他们沿用老方法耕种一小块土地，反对任何新事物。他们当中也有许多小佃农，他们由于契约上的可以继承的租佃关系或者由于古老的习惯，从父亲和祖父手里继承了小块的土地，一直稳稳当当地坐在上面，就好像这些土地是他们的财产一样。现在，在产业工人放弃了农业以后，许多土地闲起来了，在这些土地的基础上就产生了新的大佃农阶级，他们一租就是50英亩或者更多的土地，这些人就是成为每年都可以退佃的佃农，他们因为耕作得较好而且经营规模较大，所以能提高土地的收益。他们的产品可以比小自耕农卖得便宜；而小自耕农除了卖掉那块已经不能养活自己的土地去买一部珍妮纺纱机或织机，或者到大佃农那里去做短工，就别无他法了。

三、工厂制度的产生

有些资本家开始把珍妮纺纱机安装在大建筑物里面，并且用水力来发动；这就使他们有可能减少工人，并且把自己的纱卖得比用手摇机器的个体纺工便宜。由于珍妮纺纱机的构造不断在改进，机器随时都会变成过时的，因此必须把它们加以改造或者换成新的；资本家由于利用水力，即使机器已经过时也还可以维持下去，而对于个体纺工来说，这越往后就越不行了。工厂制度就这样奠定了基础，而由于水力纺纱机的出现又获得了进一步的扩展。这种机器是理查·阿克莱在1767年发明的，在德国通常叫作经线织机，它和蒸汽机一样，也是18世纪机械方面最重要的发明。它一开始设计的时候就是打算用机械发动，而且是以全新的原理为根据的。赛米尔·克伦普顿综合了珍妮纺纱机和水力纺纱机的特点，于1785年发明了骡机。大约在同一期间，阿克莱又发明了梳棉机和粗纺机，于是工厂生产方式就成为棉纺业中唯一占统治地位的了。这些机器经过一些不大的改变，逐渐用来纺羊毛，以后又用来纺麻，这样，就从这两方面排挤了手工劳动。随后18世纪末，卡特赖特博士发明了动力织机，在1804年左右，他把这种机器又改进得足以压倒手工织工；这些机器由于有了蒸汽机发动，就加倍重要了，蒸汽机是詹姆斯·瓦特在1764年发明的，从1785年起已用来发动纺纱机了。

由于这些发明使机器劳动在英国工业的各主要部门中战胜了手工劳动。结果，一方面是一切纺织品迅速跌价，商业和工业日益繁荣，差不多夺得了一切没有实行保护关税的国外市场，资本和国民财富迅速增长，而另一方面是无产阶级的人数更加迅速地增长，工人阶级失去一切财产，失去获得工作的任何信心，道德败坏，政治骚动以及我们将在这里加以研究的对英国有产阶级十分不愉快的一切事实。

第三节　英国工业的发展

一、棉、麻纺织业

研究英国工业的发展，先从它的主要部门棉纺织业开始。在1771—1844年输入英国的籽棉大幅增长，英国输出的棉布、棉纱和棉针织品增多。据统计，全联合王国直接或间接靠这一工业部门生活的几乎有150万人，其中仅仅在工厂里面工作的就有22万人。这种工业的中心是郎卡郡，而棉纺织业又使得郎卡郡完全革命化，这种工业在80年内使郎卡郡的人口增加了9倍，创造了居民共达70万的利物浦和曼彻斯特这样的大城市及其附近的城市。

此外，苏格兰的格拉斯哥形成了第二棉纺织区的中心，这个主要城市的人口自兴办这种工业的时候起到现在也从3万增加到30万。诺定昂和得比的织袜业，由于棉纱价格的降低也获得了新的推动力，而由于针织机的改良（人可以在一台机器上同时织两只袜子）又获得了第二个推动力。从1777年发明了网布机那时起，花边的生产也成了重要的工业部门；以后不久林得里发明了花边机，而后来在1809年希斯科特又发明了络丝机。这样一来，制造花边的工作无限地简化了，而对花边的需求随着它的跌价而大大增长，以致现在从事于这种生产的已经不下20万人。它的主要中心是诺定昂、莱斯特和英格兰西部。和棉纺织业有关的劳动部门，如漂白、染色和印花也得到了同样的发展。由于用氯代替大气中的氧漂白，由于对染色和印花有影响的化学工业的迅速发展，由于在机械方面出现了促进印花发展的一连串的极其光辉的发明，这些部门获得了很大的推动力；由于有了这种推动力，又由于棉纺织业的发展引起了需求的增加，这些部门就空前地繁荣起来。

麻纺织业中的进步开始得比较晚些，因为原料的天然特性给纺纱机的应用造成了很大的困难。1810年，法国人日拉才开始用机器纺麻。而他的机器在英国加以改善并普遍应用以后，才在不列颠的土地上得到了它们应有的地位。从这时起，英国的麻纺织业又开始迅速地发展起来。纺麻工厂的数目在1835年达到了347个，共有工人33 000人。

二、羊毛、蚕丝加工业

这种工业过去曾是英国工业的主要部门，可是过去的产量根本不能和现在所生产的相比。在1782年，前3年收集的全部羊毛都因为缺少工人而没有加工，假若不是新发明的机器帮助把所有的羊毛都纺出来的话，这些羊毛还得这样搁下去。从这时起，在羊毛加工的区域中开始了我们在棉纺织区中所看到的那样迅速的发展。1738 年，约克郡西部地区生产了毛织品75 000匹，而 1817 年就生产了490 000匹，并且毛纺织业的发展是以飞快的速度进行的：1834 年输出的毛织品比 1825 年多450 000匹。——1801 年加工的羊毛是10 100万磅（其中有 700 万磅是输入的），而 1835 年加工的是18 000万磅（其中有4 200万磅是输入的）。这种工业的主要中心是约克郡的西部地区，在这里，特别是在布莱得弗德，英格兰的长羊毛制成供编织等用的毛线，而在其他城市，例如利兹等地，短羊毛制成合股毛纱，然后再制成呢绒织物；其次，是郎卡郡和约克郡接近的那一部分，这里除了生产棉纺织品，还生产许多法兰绒；最后，是英格兰西部，这里生产最精致的呢子。在这里人口的增加也是迅速的。

资产阶级从南欧和亚洲取得已经纺好的原料，而主要的工作就是捻成细线。在 1824 年以前，生丝的高额关税大大限制了英国丝纺织业的发展，英国丝纺织业的市场仅仅限于本国及其殖民地。后来，进口税降低，工厂的数目就立刻大量地增加了。在一年内线锭的数目从 78 万增加到 118 万，虽然 1825 年的商业危机也使这个工业部门的发展停顿了一些时候，但在 1827 年这一部门中所生产的就比以前任何时候都多了，因为英国人在技术方面的技巧和经验保证了他们的捻线机优越于他们的竞争者。1835 年，大不列颠共有捻丝厂 263 个，工人共计 3 万人。此外，还有许多从事于废茧加工的工厂；用废茧制成一种特别的丝，英国人甚至用它来供给巴黎和里昂的织绸厂。

三、矿业和农业

随着蒸汽机的出现，英国的丰富的煤藏第一次成了重要的东西；只是现在机器的生产才开始萌芽，而对铁矿的注意也随着加强了，因为铁矿是给这种生产提供原料的。发展得最快的是铁的生产。几乎所有的桥，是用生铁造的。铁柱和铁的机座等等成了很常见的东西，而随着瓦斯灯的使用和铁路的修筑，英国的制铁业又获得了新的销售领域。螺丝钉和钉子也逐渐地用机器制造了。在1760年发明了一种铸钢的方法，提高了生产率，生产出便宜的物品。由于原料的质量较高，工具经过改进，机器装备比较新，分工比较精密，这时英国的金属制品生产才重要起来。光是熔解生铁，每年就要消耗300万吨以上的煤，煤矿在最近60年来获得了多么巨大的意义。现在，英格兰和苏格兰的一切煤藏都正在开采。

大佃农开始下本钱来改良土壤，拆毁不必要的篱笆，排干积水，施以肥料，使用较好的农具并实行系统的轮作制。科学的进步也帮助了他们：化学应用于农业得到了成功，而技术的发展又给大佃农带来许多好处。此外，由于人口的增长，对农产品的需求也迅速增加起来，英国由输出粮食的国家变成了输入粮食的国家。

四、交通运输业

1818—1829 年，英格兰和威尔士修筑了1 000英里的公路，法定宽度为 60 英尺。在苏格兰，公共事业局从 1803 年起修筑了约 900 英里公路，并建造了1 000一千多座桥梁。爱尔兰的情形也完全一样。在科克、里美黎克和克黎等郡之间，以前是一片荒地，没有任何车路；现在这里已经是道路纵横的地方，而这样一来也就给文明开辟了进入这个偏僻地方的道路。整个大不列颠，特别是英格兰，现在却布满了最好的公路网。

1755 年以前英国几乎没有运河，从这以后，四面八方地开凿了许多运河，许多河流也疏浚得可以通航了。

铁路只是在最近才修筑起来的。第一条大铁路是从利物浦通到曼彻斯特的铁路（1830 年通车）。从那时起，一切大城市彼此都用铁路联系起来了。从爱丁堡坐火车到伦敦只要一天的时间便够了。

蒸汽水路交通工具具有了新的面貌。第一艘轮船是 1807 年在北美的哈德逊河下水的，而在大不列颠则是 1811 年在克莱德河下水的。从那时起，英国建造了轮船 600 多艘，而在 1836 年停泊在英国港湾中的轮船总计已在 500 艘以上。

近 60 年来英国工业的历史，简短地说来就是如此。60 ~ 80 年前，英国和其他任何国家一样，城市很小、工业少而不发达、人口稀疏而且多半是农业人口。现在它却是和其他任何国家都不一样的国家了：有居民达250万的首都，有许多巨大的工业城市，有供给全世界产品而且几乎一切东西都是用极复杂的机器生产的工业，有勤劳而稠密的人口，这些人口有2/3从事工业和商业。完全是由另外的阶级组成的，而且和过去比起来实际上完全是具有另外的习惯和另外的需要的另外一个民族。产业革命对英国的意义，就像政治革命对于法国，哲学革命对于德国一样。但这个产业革命的最重要的产物是英国无产阶级。

第三章　英国工人阶级密集地——大城市

恩格斯指出，由于工业的发展，人口的集中，英国形成了许多大城市。这里是工人阶级最集中的地区，也最为明显地表现了他们的生活状况。在《英国工人阶级状况》的第二章恩格斯详细而全面地介绍了大城市的发展，在这里选出比较有代表性的两个大城市加以介绍。

第一节　伦　　敦

一、繁荣

像伦敦这样的城市，就是逛上几个钟头也看不到它的尽头，而且也没有表明快接近开阔的田野的些许征象。这种大规模的集中，250 万人这样聚集在一个地方：使这 250 万人的力量增加了 100 倍；他们把伦敦变成了全世界的商业首都，建造了巨大的船坞，并聚集了经常布满泰晤士河的成千的船只。从海面向伦敦桥溯流而上时看到的泰晤士河的景色，是再动人不过的了。在两边，特别是在乌里治以上的这许多房屋、造船厂，沿着两岸停泊的无数船只，这些船只愈来愈密集，最后只在河当中留下一条狭窄的空间，成百的轮船就在这条狭窄的空间中不断地来来去去，这一切是这样雄伟，这样壮丽，简直令人陶醉，使人还在踏上英国的土地以前就不能不对英国的伟大感到惊奇。

二、繁荣的代价

只有在大街上挤了几天，费力地穿过人群，穿过没有尽头的络绎不绝的车辆，到了这个世界城市的“贫民窟”，才会开始觉察到，伦敦人为了创造充满他们的城市的一切文明奇迹，不得不牺牲他们的人类本性的优良品质；才会开始觉察到，潜伏在他们每一个人身上的几百种力量都没有使用出来，而且是被压制着，为的是让这些力量中的一小部分获得充分的发展，并能够和别人的力量相结合而加倍扩大起来。难道这些群集在街头的、代表着各个阶级和各个等级的成千上万的人，不都是具有同样的属性和能力、同样渴求幸福的人吗？难道他们不应当通过同样的方法和途径去寻求自己的幸福吗？可是他们彼此从身旁匆匆地走过，好像他们彼此毫不相干，只在一点上建立了一种默契，就是行人必须在人行道上靠右边走，以免阻碍迎面走过来的人。所有这些人愈是聚集在一个小小的空间里，每一个人在追逐私人利益时的这种可怕的冷淡、这种不近人情的孤僻就愈是使人难堪，愈是可恨。虽然我们也知道，每一个人的这种孤僻、这种目光短浅的利己主义是我们现代社会的基本的和普通的原则，可是，这些特点在任何一个地方也不像在这里表现得这样露骨，这样无耻，这样被人们有意识地运用着。人类分散成各个分子，每一个分子都有自己的特殊生活原则，都有自己的特殊目的，这种一盘散沙的世界在这里是发展到顶点了。

第二节　曼彻斯特

曼彻斯特本城位于艾尔威尔河左岸，在该河及其两条支流——艾尔克河和梅德洛克河之间，这两条小河就在这里流入艾尔威尔河。在艾尔威尔河右岸，在这条河的急转的河曲环抱之处在索尔福，再往西是盆德尔顿；艾尔威尔河北边是上布劳顿和下布劳顿；艾尔克河北边是奇坦希尔，梅德洛克河南边是休尔姆，再往东是梅德洛克河畔的却尔顿，再往前，差不多在曼彻斯特以东是阿德威克。所有这些房屋的总和，通常就叫作曼彻斯特。这里的人口至少有 40 万。

一、英国工业的中心

英国工业完成了自己的杰作的典型基地，英国的整个工人运动开始的地方，即以曼彻斯特为中心的南郎卡郡。郎卡郡，特别是曼彻斯特，是英国工业的发源地，也是英国工业的中心。曼彻斯特的交易所是英国工业生活中的一切波动的寒暑表；曼彻斯特的现代化的生产已达到了完善的地步。在南郎卡郡的棉纺织业中，自然力的利用、机器（主要是动力织机和骡机）对手工劳动的排挤以及分工都达到了高度的发展，而如棉花加工业在这方面始终走在前列。现代工业对工人阶级的影响在这里一定会达到最充分最完备的发展，工业无产阶级在这里一定会以最典型的形式出现；工人由于蒸汽动力和机器的应用以及分工而受到的屈辱在这里一定会达到极点，工人一定会很清楚地意识到这种屈辱；同时无产阶级摆脱这种屈辱的企图，在这里也一定会达到极点并带有高度的自觉性。因为曼彻斯特是现代工业城市的典型，所以这个城市我们要多谈一些。

曼彻斯特周围的城市，就工人区的情况说，和中心城市很少有什么差别，只是这些城市的工人在居民中所占的比例可能比曼彻斯特更大。这是一些纯粹的工业城市，它们的一切商业活动都是在曼彻斯特或通过曼彻斯特进行的；它们在各方面都依赖曼彻斯特，因此，居民只有工人、厂主和小商人，而曼彻斯特还有大批商业人口、许多委托商店和大零售商店。

这个城市建筑得如此特别，人们可以在这里住上多少年，天天上街，如果他只是出去办自己的事或散步，那就一次也不会走进工人区，甚至连工人都接触不到。其主要原因是工人区和资产阶级所占的区域是极严格地分开的。在曼彻斯特的中心有一个相当广阔的长宽各为半英里的商业区，几乎全区都是营业所和货栈。这个区域几乎整个都是不住人的，夜里寂静无声，只有值勤的警察提着遮眼灯在狭窄而黑暗的街道上巡逻。这个地区有几条大街穿过，街上非常热闹，房屋的最下一层都是些辉煌的商店；在这些街上，有些地方楼上也住了人；这里的市面是不到深夜不停业的。

除了这个商业区域，整个曼彻斯特本城、索尔福和休尔姆的全部、盆德尔顿和却尔顿的大部分、阿德威克的2/3以及奇坦希尔和布劳顿的个别地区，——所有这些地方形成了一个纯粹的工人区，像一条平均一英里半宽的带子把商业区围绕起来。在这个带形地区外面，住着高等的和中等的资产阶级。中等的资产阶级住在离工人区不远的整齐的街道上，而高等的资产阶级则住得更远，他们住在郊外房屋或别墅里，或者空气流通的高地上，——在新鲜的对健康有益的乡村空气里，在华丽舒适的住宅里，每一刻钟或半点钟都有到城里去的公共马车从这里经过。最妙的是这些金钱贵族为了走近路到城市中心的营业所去，竟可以通过整个工人区而看不到左右两旁的极其肮脏贫困的地方。因为从交易所向四面八方通往城郊的大街都是由两排几乎毫无间断的商店所组成的，而那里住的都是中小资产阶级，他们为了自己的利益，是愿意而且也能够保持街道的整洁的。

二、曼彻斯特旧城

旧城位于商业区北边和艾尔克河之间。这里即使比较好的街道，也都是又狭窄又弯曲的，房屋又肮脏又破旧，胡同里的建筑更是令人作呕。如果从老教堂顺着朗-密尔盖特街走去，就会看到右边有一排老式房屋，这些房屋的门面没有一间不是东倒西歪的，这里才真正是一个几乎毫不掩饰的工人区，甚至大街上的商店和酒馆也没有人想把它们的外表弄得稍微干净一些。但是这一切和后面那些只有经过狭窄得甚至不能同时走两个人的过道才能进去的胡同和大杂院比起来简直就算不了什么。像这样违反合理的建筑规则而把房子乱七八糟地堆在一起，弄得一所贴着一所地挤作一堆，实在是不能想象的。

在这里，艾尔克河的南岸很陡，有15~30英尺高；在这个陡坡上，大部分的地方都有3排房屋，最下面一排紧靠水边，而最上面一排却已经是屋檐齐及山顶。此外，河岸上还有工厂，这里的建筑密集而杂乱。大街左右有很多有顶的过道通到许多大杂院里面去；一到那里，就陷入一种不能比拟的肮脏而令人作呕的环境里；向艾尔克河倾斜下去的那些大杂院尤其如此，这里的住宅无疑是我所看到过的最糟糕的房子。在这里的一个大杂院中，正好在入口的地方，就是一个没有门的厕所，非常脏，住户们出入都只有跨过一片满是大小便的臭气熏天的死水洼才行。下面紧靠着河的地方有几个制革厂，四周充满了动物腐烂的臭气。要到杜西桥以下的那些大杂院里去，大半要从一条狭窄而肮脏的台阶走下去，而要进入屋内就必须跨过一堆堆的垃圾和脏东西。从桥上看到的这幅景象——一堵一人高的石墙小心翼翼地遮住了这幅景象，使个子不很高的过路人无法看到——就是全区的一般面貌。桥底下流着艾尔克河，这是一条狭窄的、黝黑的、发臭的小河，里面充满了污泥和废弃物，河水把这些东西冲积在右边的较平坦的河岸上。

天气干燥的时候，这个岸上就留下一长串龌龊透顶的淤泥坑，臭气泡经常不断地从坑底冒上来，甚至在高出水面四五十英尺的桥上也使人感到受不了。此外，河本身每隔几步就被高高的堤堰所隔断，堤堰近旁，淤泥和垃圾积成厚厚的一层并且在腐烂着。桥以上是制革厂；再上去是染坊、骨粉厂和瓦斯厂；这些工厂的脏水和废弃物统统汇集在艾尔克河里，此外，这条小河还要接纳附近污水沟和厕所里的东西。桥以下，可以看到陡峭的左岸上大杂院里的垃圾堆、脏东西、泥土和瓦砾；房屋一所耸立在一所后面，由于坡很陡，每一幢房子都看得见一小块；所有这些房屋都是被烟熏得黑黑的、破旧的，窗玻璃破碎不堪，窗框摇摇欲坠；在后面，是旧的兵营式的工厂厂房。在比较平坦的右岸，是一长排房屋和工厂。靠边的第二所房子是一座没有屋顶的废墟，里面堆满了垃圾，而第三所房子造得这样低，它的最下一层竟不能住人，所以就没有窗子，也没有门。在这后面，是穷人的墓地和利物浦－利兹铁路的车站，再往后就是习艺所——曼彻斯特的“穷人的巴士底狱”。

恩格斯指出还远没有把它的肮脏、破旧、昏暗和违反清洁、通风、卫生等一切要求的建筑特点十分鲜明地表现出来。而这样一个区域是在英国第二大城，世界第一个工厂城市的中心呀！如果想知道，一个人在不得已的时候有多么小的一点空间就够他活动，有多么少的一点空气就够他呼吸，有什么起码的设备就能生存下去，那只要到曼彻斯特去看看就够了。不错，这是旧城，要知道，一切最使我们厌恶和愤怒的东西在这里都是最近工业时代的产物。属于旧曼彻斯特的那几百所房子老早就被原来的住户遗弃了，只是工业才把大批的工人赶到里面去；只是工业才在这些老房子之间的每一小片空地上盖起房子；只是工业才把它们当作住宅以高价租给人们，剥削贫穷的工人，毁坏成千上万人的健康；只是工业才可能把刚摆脱掉农奴制的劳动者重新当作无生命的物件，当作一件东西来使用，才可能把他赶进这样坏的住所，而这种住所工人得花自己的血汗钱来享用，直到它最后完全倒塌为止；所有这些都只是工业造成的，而如果没有这些工人，没有工人的贫困和被奴役，工业是不可能存在的。固然，这些区域原来的规划就不好，但是在改建时，土地占有者什么都没有做。相反地，只要哪里还空下一个角落，他们就在那里盖起房子。地价随着工业的发展而上涨，而地价愈是涨得高，就愈是疯狂地在每一小块土地上乱盖起房子来，一点也不考虑居民的健康和方便，唯一的念头就是尽可能多赚钱，反正无论多坏的小屋，总会找到租不起好房子的穷人的。但是这到底是旧城，——资产阶级就是这样安慰自己的。

三、新城（爱尔兰城）

新城又叫爱尔兰城，在旧城的那一边，在艾尔克河和圣乔治路之间的黏土小山上。在这里，城市的一切特征都消失了。东一排西一排的房屋或一片片迷魂阵似的街道，像一些小村庄一样，乱七八糟地散布在寸草不生的光秃秃的黏土地上。房屋，或者不如说是小宅子，情形都很糟，从来不修理，肮脏，有潮湿而龌龊的住人的地下室。街道既没有铺砌，也没有污水沟，可是这里却有无数的猪群，有的在小院子或猪圈里关着，有的自由自在地在山坡上蹓跶。这里街上的污泥竟这样厚，只有在天气很干燥的时候，才能希望走过这里而不致让烂泥淹没了脚背。在圣乔治路附近，一堆一堆的建筑物密密麻麻地集在一起，到处是一条条的街道、胡同、死胡同和大杂院，愈接近市中心，就愈是挤在一起，愈是乱七八糟。固然，这里常常可以看到一些铺砌过的街道，或者至少也可以看到铺砌过的人行道和污水沟，但是肮脏的情形，以及房屋，特别是地下室的恶劣状况还是一样。

在这里，不妨一般地谈谈曼彻斯特流行的工人区的建筑形式。在旧城，房子的排列大半是纯粹出于偶然的。每一所房子在建筑时都没有考虑到其余的房子，而几所房子中间的一块不规则的空地，由于没有其他名字可用，就称它为大杂院。在这个区域中的一些稍微新一点的地段和工业繁荣初期形成的其他一些工人区里，房子的分布是比较有计划的。两条街道之间的地方被划分为较有规则的多半是四方形的大杂院，经过有顶的过道从街上通到里面去。这里空气根本不能流动；只是在生火的时候，烟囱算是大杂院中闷人的空气的唯一出口，此外，这些大杂院里的房屋大半都是两排盖在一起，两排房子共用一堵后墙，这就足以使那里不可能有任何良好的通风了。又因为街道警察对这些大杂院的情况漠不关心，同时房屋里扔出来的一切东西都是扔在什么地方就留在什么地方，所以，在那里看到脏东西以及一堆堆的煤灰和垃圾，也就用不着惊奇了。我曾经访问过一些大杂院，这些大杂院至少要比大街低半英尺，没有排水沟，下雨时积起来的水一点也流不出去！

第四章　英国工人阶级的悲惨状况

在《英国工人阶级状况》中，恩格斯描述了产业革命形成的工人阶级，被剥夺了生产资料和生活资料，“自由”得一无所有只能出卖自己的劳动力，他对工人的悲惨生活处境进行了全面而具体的描述，介绍了工人阶级受残酷剥削和压迫的事实。恩格斯阐述了工人阶级与资产阶级的对立，资产阶段的剥削必然会导致工人阶级的反抗，介绍了两个阶级斗争的必要性和无产阶级的历史使命。以下就是从原文摘选并加以改编的关于英国工人的悲惨状况。

第一节　住　　宅

恩格斯主要是在大城市这章中描述了工人的住宅情况。

一、贫民窟

每一个大城市都有一个或几个挤满了工人阶级的贫民窟。英国一切城市中的这些贫民窟大体上都是一样的；这是城市中最糟糕的地区的最糟糕的房屋，最常见的是一排排的两层或一层的砖房，几乎总是排列得乱七八糟，有许多还有住人的地下室。这些房屋每所仅有三四个房间和一个厨房，叫作小宅子，在全英国，这是普通的工人住宅。这里的街道通常是没有铺砌过的，坑坑洼洼的，到处是垃圾，没有排水沟，也没有污水沟，有的只是臭气熏天的死水洼。城市中这些地区的不合理的杂乱无章的建筑形式妨碍了空气的流通，由于很多人住在这一个不大的空间里，所以这些工人区的空气如何，是容易想象的。此外，在天气好的时候街道还用来晒衣服：从一幢房子到另一幢房子，横过街心，拉上绳子，挂满了湿漉漉的破衣服。

现在就从这些贫民窟中挑出一个详细介绍一下，这就是伦敦著名的“乌鸦窝”圣詹尔士开始。圣詹尔士位于该市人口最稠密的地区的中心，周围是富丽堂皇的大街，在这些街上闲逛的是伦敦上流社会的人物。这是一堆乱七八糟的三四层的高房子，街道狭窄、弯曲、肮脏，在这里可以看到的几乎全是工人。在这里，买卖是在街上做的；一筐筐的蔬菜和水果（质量很坏的，几乎是不能吃的）把路也堵塞住了，所有这些，像肉店一样发出一股难闻的气味。房子从地下室到阁楼都塞满了人，而且里里外外都很脏，看来没有一个人会愿意住在里面。但是这一切同大杂院和小胡同里面的住房比起来还大为逊色。这些大杂院和小胡同只要穿过一些房子之间的过道就能找到，这些地方的肮脏和破旧是难以形容的；这里几乎看不到一扇玻璃完整的窗子，墙快塌了，门框和窗框都损坏了，勉勉强强地支撑着，门要么是用旧木板钉成的要么没有，而在这个小偷很多的区域里，门实际上是不必要的，因为没有什么可以给小偷去偷。到处是一堆堆的垃圾和煤灰，从门口倒出来的污水就积存在臭水洼里。住在这里的是穷人中最穷的人，是工资最低的工人，掺杂着小偷、骗子和娼妓制度的牺牲者，肮脏和恶劣的环境所给予他们的是足以使德行败坏的影响。在伦敦这样的贫民窟还有很多。

但是最大的工人区是伦敦塔东边的怀特柴泊和拜特纳－格林，伦敦的工人绝大部分都集中在这里。听听拜特纳－格林的圣菲力浦斯教堂的牧师格·奥尔斯顿先生是怎样讲自己的教区的吧：

“这里有1 400幢房子，里面住着2 795个家庭，共约12 000人。安插了这么多人口的空间，总共只有不到400码见方的一片地方，由于这样拥挤，往往是丈夫、妻子、四五个孩子，有时还有祖母和祖父，住在仅有的一间10～12英尺见方的屋子里，在这里工作、吃饭、睡觉。我认为在伦敦的主教唤起公众注意这个极端贫穷的教区以前，城市西头的人们知道这个地方并不比知道澳洲和南洋群岛的野人更多一些。只要亲眼看一下这些不幸的人们的苦难，看一看他们吃得多么坏，他们被疾病和失业折磨成什么样子，我们面前就会显现出这样一个无助和贫穷的深渊，仅仅是这个深渊有可能存在，像我们这样的国家就应该引以为耻。我在工厂最不景气的3年间在哈得兹菲尔德附近做过牧师，可是，我在那里从来没有遇见过像在拜特纳-格林看到的这种穷得毫无希望的情形。全区在10个当家人当中，很难找到一个除了工作服外还有其他衣服的人，而且工作服也是破破烂烂的；他们中有许多人，除了这些破烂衣服，晚上就没有什么可以盖的，他们的床铺也只是装着麦秸或刨花的麻袋。”

为了更全面地了解情况，我们再听一听英国官员所说的话吧。萨雷的验尸官卡特先生1843年11月14日检验45岁的安·高尔威的尸体的情形时曾描写过死者的住所。她和丈夫及19岁的儿子住在伦敦百蒙得锡街白狮子大院3号的一间小屋子里面；里面没有床，没有铺盖，也没有任何家具。死者和她的儿子并排躺在一堆羽毛上（羽毛粘满了死者的差不多赤裸裸的身体），因为他们既没有被子，也没有床单。羽毛牢牢地粘满了整个尸体，不净尸就不能进行检验，在净尸的时候医生发现尸体极其消瘦而且被跳蚤、虱子等咬得遍体鳞伤。屋里的地板被拆掉一块，全家就用这个窟窿做茅坑。

恩格斯说并不能断定伦敦的一切工人都像这个家庭一样的贫穷。他知道得很清楚，在社会把一个人完全踏在脚底下的地方，会有10个人生活得稍稍好一点。而且他断定，成千的勤劳而诚实的家庭都过着这种非人的生活，而且每一个无产者都毫无例外地可能遭遇到这种命运，虽然他没有任何罪过，虽然他尽了一切努力来避免这种命运。

二、大杂院

这里不妨介绍一下曼彻斯特流行的工人区的建筑形式。在旧城，房子的排列大半是纯粹出于偶然的。每一所房子在建筑时都没有考虑到其余的房子，而几所房子中间的一块不规则的空地，由于没有其他名字可用，就称它为大杂院。在这个区域中的一些稍微新一点的地段和工业繁荣初期形成的其他一些工人区里，房子的分布是比较有计划的。两条街道之间的地方被划分为较有规则的多半是四方形的大杂院，经过有顶的过道从街上通到里面去。这里空气根本不能流动；只是在生火的时候，烟囱算是大杂院中闷人的空气的唯一出口，此外，这些大杂院里的房屋大半都是两排盖在一起，两排房子共用一堵后墙，这就足以使那里不可能有任何良好的通风了。又因为街道警察对这些大杂院的情况漠不关心，同时房屋里扔出来的一切东西都是扔在什么地方就留在什么地方，所以，在那里看到脏东西以及一堆堆的煤灰和垃圾，也就用不着惊奇了。恩格斯曾经访问过一些大杂院，这些大杂院至少要比大街低半英尺，没有排水沟，下雨时积起来的水一点也流不出去！

在利物浦，尽管它的商业发达，很繁华，很富足，可是工人们还是生活在同样野蛮的条件下。全市人口中足有1/5，即45 000人以上，住在狭窄、阴暗、潮湿而空气不流通的地下室里，这种地下室全城共有7 862个。此外，还有2 270个大杂院。

所谓大杂院，就是一个不大的空间，四面都盖上了房子，只有一个狭窄的、通常是上面有遮盖的入口，因而空气就完全不能流通，大部分都很肮脏，住在里面的几乎全是无产者。在布利斯托尔有一次调查了2 800个工人家庭，其中有46%每家只有一间屋子。

在曼彻斯特我们再到朗－密尔盖特街另一边的工人住宅的中心去，我们就会走进一个稍微新一点的工人区，这里至少比较整齐一些。我们在这里看不到紊乱不堪的建筑，至少是可以发现一些长而直的街道和死胡同，以及按照一定计划建筑起来的通常是四方形的大杂院。在建筑这些街道和大杂院的时候丝毫没有考虑到其他街道和大杂院的地位，街道时而朝这一面转，时而又朝那一面转，每走一步都会闯入死胡同或者碰上死角，使你又回到原来出发的地方；要不在这个迷阵里住上一个相当长的时期，那就怎样也摸不清这里的方向。这些街道和大杂院的通风状况也很坏，虽然这里的房屋比较新，有些街道间或还有污水沟，可是这里几乎每一所房子都有住人的地下室。在这里我们还可以看到一种极其有碍居民的清洁的情形，这就是成群的猪在街上到处乱跑，用嘴在垃圾堆里乱拱，或者在大杂院内的小棚子里关着。这里，正像曼彻斯特大多数其他工人区一样，腊肠制造商把院子租下来，在那里盖起猪圈；几乎每一个大杂院里都有一个或几个这样的隔开的角落，院里的居民把一切废弃物和脏东西都往里扔，结果猪是养肥了，而这些四面都有建筑物堵住的大杂院里的本来就不新鲜的空气却由于动植物体的腐烂而完全变坏了。穿过这个区域，修筑了一条相当体面的宽阔的街道——密勒街，这里每隔 20 步他就会碰到这样一个不折不扣的猪圈。

三、小宅子

后来出现了另一种建筑形式，这种形式现在已普遍地采用了，这就是小宅子。工人小宅子一盖就是几十所，甚至几百所；一个业主一下子就盖它一整条或两三条街。这些街道排列如下：第一排是比较高级的小宅子，很幸运，这些小宅子有一个后门和一个小院子，因而房租也最贵。这些小宅子的院子通向一条两端都盖有房子的弄堂，其中一端有一条窄缝或有顶的过道通到这条弄堂里去。大门开在弄堂里的那些小宅子，房租最便宜，一般也照管得最坏。它们和第三排小宅子共用一堵后墙，第三排小宅子的门开在另一条街上，房租比第一排便宜，但比第二排贵。

第一排小宅子的通风还相当不错，第三排的通风也可以；但是中间一排的通风在任何情况下都和大杂院中的小宅子一样坏，而弄堂也并不比大杂院更整洁些。业主们宁愿要这种建筑方式，因为它既节省地面，又使他们能通过第一排和第三排小宅子的较高租金来更顺利地掠夺工资比较多的工人。

这 3 种小宅子建筑形式不仅在全曼彻斯特，甚至在整个郎卡郡和约克郡都可以看到，它们往往是混杂在一起的，但大半都单独存在，所以仅仅从这一特征就可以看出城市各部分的相对年龄。第三种形式，即有弄堂的那一种形式，在圣乔治路以东、奥尔丹路和大安柯茨街两边的广大工人区里占有绝对的优势，在曼彻斯特的其余工人区和郊区也很常见。

安柯茨的广大区域里，沿着两条运河集中了曼彻斯特的大部分最大的工厂，所以这个区域的居民主要是工厂工人，而住在最坏的街上的则是手工织工。靠近市中心的一些街道是最老的，因而也是最坏的，但是这些街道都铺砌过而且还有污水沟。再向东北可以看到几条新修建的街道；这里的小宅子看起来漂亮而又清洁，新的门窗刚刷上油漆，室内也粉刷得干干净净；街上空气比较流通，街道之间还没有盖房子的空地比较大，也比较多。但是所有这些都只是少数住宅的情况。此外就是几乎每一幢小宅子都有住人的地下室；许多街道都没有铺砌，也没有排水沟；而重要的是这个漂亮的外表仅仅是一种伪装，这种伪装过 10 年就什么也不会留下了。初看起来，所有这些小宅子都非常漂亮而坚固，外表结实的砖墙骗过了人们的眼睛，但是，只要走近细看一下，就会发现，这些小宅子的墙是薄到不能再薄了。承重墙最多也不过一块砖那么厚，也就是每一行中，砖的长边是紧靠在一起的；但是，我也看见过不少同样高的小宅子，它们的外墙只有半块砖那么厚，就是说，不是长边靠在一起，而是短边靠在一起。这样做，一半是为了节省材料，一半是由于盖房子的业主向来不是地基的所有者，按照英国的习惯他们把地基租上 20 年、30 年、40 年、50 年或 99 年；期限一满，地基和它上面的一切建筑物都要毫无代价地归还原主。所以租地的人总是精打细算使自己盖的房子在土地租赁期满时尽可能地变得不值钱。根据一般的估计，工人住宅平均只能用40年。工人不得不住在这种恶劣的小宅子里面，是因为他们没有钱去租较好的房子，或者是因为他们做工的工厂附近没有较好的房子，有时也因为这些小宅子是厂主的，厂主只是在工人租他的小宅子时才给工人工作。

曼彻斯特的东郊和东北郊是资产阶级唯一没有替自己盖上房子的郊区。原因是这里一年中要刮上10个月到11个月的西风和西南风，总是把一切工厂的煤烟都吹到这方面来。

在大安柯茨街以南是一个建筑了一半的巨大的工人区——一片光秃秃的丘陵地带，上面零零落落毫无规则地散布着一排排的或排成四方形的房子。房子之间是一片空地，地下是黏土，高低不平，不长草，一下雨就几乎不能通行。这里所有的小宅子都肮脏而破烂，常常是建筑在低洼的大坑里，一般说来很像新城。伯明翰铁路穿过的那一片地方，房屋盖得最密，因而也比其余的地方更糟。梅德洛克河在这里蜿蜒曲折地流过一个河谷，河水也是漆黑的，停滞的，而且发出臭味，在这条小河两旁，从它流入城市起到它和艾尔威尔河合流为止，是一条宽阔的工厂和工人住宅地带；工人住宅的情况是非常恶劣的。这里的河岸大部分是陡峭的，房屋一直建筑到河边，房屋和街道的规划都很糟糕。但是最可怕的地方是在曼彻斯特这边叫作小爱尔兰。在梅德洛克河的一个河湾里，有一块相当深的凹地，四周都是很高的工厂、很高的河堤和盖了房子的河岸。在这块凹地里，密集着两片小宅子，共有200所左右，大部分都是两所共用一堵后墙，一共约有4 000人住在这里，几乎全是爱尔兰人。小宅子都很破旧，肮脏，小得不能再小；街道坑坑洼洼，高低不平，大部分没有铺砌，也没有污水沟。到处都是死水洼，高高地堆积在这些死水洼之间的一堆堆的垃圾、废弃物和令人作呕的脏东西不断地发散出臭味来染污四周的空气，而这里的空气由于成打的工厂烟囱冒着黑烟，本来就够污浊沉闷的了。妇女和孩子们到处走来走去，穿得破破烂烂，就像在这里的垃圾堆和烂泥坑里打滚的猪一样的肮脏。在这种半倒塌的小宅子里，在蒙上一层油布的破窗后面，在门框已经半腐朽了的裂开的门后面或阴暗潮湿的地下室里，在这种难以想象的肮脏恶臭的环境中，在这种似乎是被故意毒化了的空气中，在这种条件下生活的人们，的确不能不下降到人类的最低阶段。这些最多包括两间屋子、一间阁楼有时再加上一间地下室的小破房子，平均每幢要住上20个人；大约每120人才有一个厕所（多半也是根本不能使用的）；不管医生们如何进行宣传，不管卫生警察在霍乱流行时就小爱尔兰的状况怎样发出警报，现在（1844年）小爱尔兰的状况还是和1831年完全一样。

小宅子制对工人的奴役并不下于实物工资制。在乡间，工厂附近常常缺少工人住的房子。因此，厂主就常常得造这种住房，而他也是很乐意这样做的，因为这些房子会给他投下的资本带来极大的利润，因为只要他的工厂不关门，他就总有房客，而且是按时付房租的房客。厂主把房子租给工人，从而比他的竞争者获得更多的利益，甚至双倍的利益，同时又使他们根本不可能和他竞争，这当然是不公平的。然而更不公平的是，他的这些利益是从必须珍惜每一个小钱的一无所有的阶级的口袋中取得的；但是这种事情对厂主来说已是家常便饭，他的全部财富本来就都是靠牺牲工人而获得的。既然厂主用解雇的威胁来强迫工人住他的房子，要他们缴纳比平常高的房租，甚至缴纳他们根本不住的房子的房租（这是常有的事），这简直是无耻了。小宅子制在乡间的工厂区也是很盛行的；这种制度产生了大批的村镇，并且在大多数的场合下都因为厂主很少有或者根本就没有竞争者，所以他完全用不着根据一般的标准来规定房租，他想要多少就要多少。在和工人发生冲突的时候，小宅子制又给了厂主多么大的权力呵！工人一罢工，厂主就赶他们搬家，而且只给他们一星期的限期；限期一过，工人不但没有吃的，而且也没有住的，只好成为流浪汉了，而根据法律，流浪汉是毫不容情地要被送到监狱里去关一个月的。

四、无家可归

伦敦有 5 万人每天早晨醒来不知道下一夜将在什么地方度过。他们当中最幸运的，能把一两个辨士保存到天黑，就到所谓夜店里面去，用这点钱在那里找到一个栖身之所。那里的房子从地下室到阁楼都摆满了床；每一间屋子能容纳多少就摆多少。每一张床上也是能容纳多少就睡多少——生病的和健康的，年老的和年轻的，男的和女的，喝醉的和清醒的，所有这些人都乱七八糟地躺在一起。然后就开始了各种各样的争吵、打架，而如果同床铺的人彼此很和睦，那么事情就更糟；他们商量好共同去盗窃或者去干某种兽行。而那些没钱住这种夜店的人哪里可以睡，他们就睡在哪里——在过道里，在拱门下，或者任何角落里。一些人幸而走进私人慈善事业的收容所里面去，另一些人睡在维多利亚女王宿下的公园里面的长凳上。我们看看“泰晤士报”在1843年10月所写的吧：“每夜平均有50个人左右在公园里面过夜，他们除了树木和堤上的几个洞穴，就没有任何东西来防御坏天气。这大半是年轻的女孩子，她们受了士兵的引诱，被带到首都来，并且被抛弃在这个陌生的城市里去受命运的摆布，去挨饿受穷，她们对年轻人的恶习是毫不在乎的。”

联合王国的其他大城市都柏林、爱丁堡都是如此。

第二节　穿着与饮食

如何满足住屋的需要，是可以当作一个尺度来衡量工人其余的一切需要是如何满足的。不难想象，在这些肮脏的洞穴里只有那些穿得很破、吃得很坏的人才能住下去。

一、穿着

绝大多数工人都穿得很坏。无论是在女人或男人的衣橱里，都几乎根本没有亚麻布和毛织品，只有棉织品。衬衫是用漂白布或是杂色的印花布做的，女人的衣服大部分也是印花布做的，毛织品的裙子很少能在晒衣服的绳子上看到。男人们大都穿着粗布及其他粗棉织品做的裤子和上衣或夹克，工人被叫作粗布夹克，借以和那些穿呢子的老爷们相区别，而呢子也就成了资产者的标志。在英国，即使是工人也都戴礼帽，没有礼帽的人就用纸做一顶四方形的矮帽子戴在头上。工人的全部服装，即使都是完好的，也很少能适应气候。英国气候潮湿，天气变化无常，这就容易引起感冒，因此，几乎整个有产阶级都穿法兰绒的内衣；法兰绒的护胸、紧身和兜肚很多人都用。工人没有这种预防办法，而且几乎永远做不起一件毛织品的衣服。粗棉织品虽然厚、硬而且重，但在御寒和防湿方面是远不及毛织品的，而且由于厚，由于材料本身的特性，一湿就不容易干，也没有像呢子之类的毛织品那样密实。如果工人居然有这么一天能够买一件毛织品的上衣预备星期天穿，那只有到“廉价商店”里去买，他在那里买到的是一种很坏的所谓旧毛织品经过开毛机加工而制成的料子，这种料子制造出来“只是为了出售，而不是为了给人穿的”，只要穿上两个星期就裂了缝或是磨穿了；要不然就是在旧货商那里买一件穿旧了的上衣，再穿上几个星期就完了。但是大多数人的衣服本来就不好，而且还得常常把比较好的衣服送到当铺里去。很多工人，特别是爱尔兰人，他们的衣服简直就是一些破布，上面往往连再打一个补丁的地方都没有了，不然就是补丁连补丁，连原来的颜色都认不出来了。英格兰人或英爱混血人居然想出办法来缝补这样的衣服，而且他们在这方面的技巧确实是惊人的：他们毫不费力地把呢子补丁或麻布补丁补在粗布上，或是把粗布补在呢子和麻布上。

爱尔兰人还带来了英格兰从前所没有的赤脚走路的习惯。现在，在一切工厂城市里都可以看到很多人，特别是妇女和小孩赤着脚走来走去，这种习惯在最贫穷的英格兰人中间也逐渐流行起来了。

二、饮食

饮食状况也和衣着一样，工人所得到的都是有产阶级认为太坏的东西。在英国的大城市里，各种最好的东西都可以买到，但是价钱很高；而工人必须用他那不多的几文钱来养家，他们是花不起这样多的钱的。加之工人一般都是在星期六晚间才领到工资，所以工人要到星期六下午 4 点、5 点或 7 点钟才能上市场去，而资产阶级在上午老早就把最好的东西挑走了，即使还剩下一些较好的，工人大概也买不起。工人买的土豆多半都是质量很差的，蔬菜也不新鲜，干酪是质量很坏的陈货，猪板油是发臭的，肉又瘦，又陈，又硬，都是老畜的肉，甚至常常是病畜或死畜的肉，往往已经半腐烂了。工人们买到的肉常常是不能吃的，但是既然买来了，也就只好把它吃掉。在这些肉商里面，有一个被没收了64只肚子里填满了馅的圣诞节吃的鹅，这些鹅没有及时在利物浦卖出去，因此就运到曼彻斯特来，在这里的市场上摆出来的时候已经腐烂了，发散着强烈的臭气。这里应该记住一点：由于市场的范围很大，所有的大街两旁都是市场，并且由于市场监察员监督不严，许多事情都逃过了他们的眼睛，——要不是这样，那又怎样解释肉商肆无忌惮地把已经发臭的整头整头的牲畜拿来出售的事情呢？商人和厂主昧着良心在所有的食品里面掺假，丝毫不顾及消费者的健康。听一听"利物浦信使报"是怎样说的吧。

"把咸黄油冒充新鲜的出售，不是在一块块的咸黄油上涂上一层新鲜的黄油，就是把1磅新鲜的黄油放在上面让人先尝一尝，在尝过以后却把咸的卖出去，或者洗掉盐再把黄油当作新鲜的出售。糖里面掺上米粉或其他价钱便宜的东西，照净糖的价钱出卖。制肥皂时剩下的废弃物也掺上别的东西冒充糖卖。咖啡粉里面擦上菊苣及其他价钱便宜的东西；甚至没有磨过的咖啡里也掺假，而且假货还真像咖啡豆。可可里面常掺有捣得很细的褐色黏土，这种黏土是用羊脂油搓过的，掺在真的可可里简直看不出是假的。茶叶里面往往掺上黄荆叶子及其他类似的杂物，或者把泡过的茶叶晒干，放在烧热的铜片上烘烤，使它恢复原来的颜色，然后当作好茶叶出卖。胡椒里掺上豆荚磨成的粉末及其他东西。葡萄牙红葡萄酒干脆就是假造的（用颜料、酒精等制成），因为大家都知道，单是在英国喝掉的葡萄牙红葡萄酒就比整个葡萄牙所生产的还要多。在市面上行销的各种各样的烟草里都掺上了各种令人作呕的东西。”

但是吃这些骗局的苦头最深的，除了工人还有谁呢？有钱人不会受骗，因为他可以多花些钱到大商店里去买东西。大商店的老板是珍惜自己的声誉的。此外，有钱人在吃的上面很讲究，他们的味觉很灵敏，比较容易识破骗局。但工人每花一文钱都得盘算一下，必须以不多的钱买很多的东西，他们不能太注意质量，而且也不善于这样做，因为他们没有机会锻炼自己的味觉，结果，所有这些掺假的、甚至常常是有毒的食物都卖给了他们。他们不得不到小商人那里去买，甚至还常常要赊账。掺假的行为除非和漏税有关，是很少受到法律追究的。——但是，英国工人不仅在物品的质的方面受骗，而且在量的方面也受骗。小商人的尺和秤大部分是不合规定的。在警察局的报告里，因犯了这类罪而被处以罚款的事情，每天都多得难以置信。

在物品的质的方面受骗的主要是工人，而由于同样的原因，在量的方面受骗的也是他们。

每个工人平常的饮食当然是随着工资变化的。食物的量也和它的质一样，是由工资决定的，工资少的工人，特别是如果他们还有一大家人，那么即使是在有工作的时候，也要常常挨饿。而这些工资少的工人，数目是很大的。特别是在伦敦，工人的竞争随着人口的增加而日益剧烈，这一部分工人的数目是很多的，但是在其他一切城市中我们也可以看到他们。在这种情况下，人们想尽了一切办法，而由于没有别的食物，就吃土豆皮、菜帮和烂水果，贪婪地抓起一切即使只含有一丝一毫养料的东西。如果一个星期的工资不到周末就花光了，那么常常就是一家人在一星期的最后几天完全吃不到东西，或者只能吃到为了免于饿死所必需的那一点点。这种生活方式自然会引发很多疾病。只要疾病一发生，特别是家庭的主要供养者男人一病倒，缺吃少穿的情况就特别严重起来，社会的残酷性也特别鲜明地暴露出来：社会正是在自己的成员最需要它援助的时候抛弃了他们，让他们去受命运的摆布。

工人吃的食物一般都很不容易消化，对小孩子是完全不合适的；可是工人既没有钱也没有时间给自己的孩子弄到比较合适的食物。此外，还有一种很流行的习惯，就是给孩子喝烧酒，甚至食鸦片。由于这一切，再加上其他对孩子的身体发育有害的生活条件，孩子们就患上了遗害终身的各种消化器官病。几乎所有的工人都或多或少地患消化不良症，可是他们以后还是不得不吃那种使他们消化不良的食物。由于消化不良，他们还在童年时代就又染上了其他疾病。几乎所有工人都患着瘰疬，患瘰疬的父母常有患瘰疬的孩子，特别是在带有父母遗传下来的腺病质的孩子们又受到最初引起这种病的原因的影响的时候。婴儿发育期间的营养不良所产生的第二个后果是佝偻病，这种病在工人的孩子中也是极常见的。骨头的硬化延缓，骨骼的成长整个地受到阻碍，除佝偻病的普通现象外，还常常可以看到腿和脊柱的弯曲。至于这些疾病在商业停滞、失业以及危机发生时工资低落的时期就更加严重了。几乎每一个工人在一生中都至少要过一段吃不饱饭的生活，这使得虽然质量坏但数量毕竟还够的食物所已经引起的后果更加严重起来。正是在最迫切地需要营养的时候只能吃个半饱的孩子们是不能不极度衰弱，不能不患瘰疬和佝偻病的。大批的工人的孩子所遭遇到的缺乏照顾的命运，留下了不可磨灭的痕迹，使整个工人阶级都衰弱了。如果再加上工人的衣服不适用，因而也不能防止伤风，非到病得最后躺倒就不能停止工作，一生病家庭就陷入极度的困境，通常得不到任何医疗等等情况，那就可以约略地想象到英国工人阶级的健康状况是什么样子了。

在描述针织工人的状况时恩格斯指出：男人们含着眼泪说：我们很久很久没有吃肉了，我们几乎忘记了肉的味道。终于有些人星期日也工作，虽然社会舆论从来也不原谅他们这样做，而且织机的轧轧声四邻都可以听见。

其中有一个人说："看看我的孩子你们就全明白了。贫穷逼着我这样干，我不能老是看着自己的孩子饿得直叫，却不去用最后的办法清清白白地赚些面包。上星期一我早上两点钟就起来，差不多干到半夜，其余的几天从早上 6 点钟一直干到深夜十一二点钟；但是我吃不消，我不愿意把自己送进棺材里去。现在我每天晚上干到 10 点钟，损失的时间在星期天补上。"

三、酗酒

使相当多的一部分工人的健康恶化的原因还有酗酒。各种引诱，各种可能的诱惑都联合在一起，使工人走向酗酒。烧酒几乎是他们唯一的快乐的泉源，而且一切都似乎在促使工人去接近它。工人下工回家时已经筋疲力尽，而家里又那么不舒适、潮湿而且肮脏；他迫切地需要消遣，他必须有点什么东西使他感到还值得工作，感到明天的苦日子还能忍受；身体不健康、特别是消化不良所引起的疲惫、烦闷和忧郁的心情，由于生存没有保障，由于不能摆脱各种偶然事件的支配和无法改善一下自己的生活状况而达到了无可忍受的地步；他的身体已经被混浊的空气和恶劣的食物弄得很衰弱，迫切地需要某种外来的刺激；他的社交的要求只能在酒馆里得到满足，因为他没有别的地方可以会见自己的朋友。由于精神上和肉体上的需要，大部分工人都沉溺于酗酒。多数人酗酒，教育又不够，年轻人受到诱惑，酗酒的父母常常直接影响自己的孩子（他们自己就给孩子们酒喝），人们相信喝醉了至少可以在几小时内忘却生活的困窘和压迫。在这里，酗酒已不再是一种染上了就要受到责备的恶习。它逐渐成为一种必然现象，成为一定条件作用于没有意志的对象时所必然产生的后果。应该在这件事情上负责的是那些使工人沦为这种对象的人。但是，正像绝大多数工人必然要沉溺于酗酒一样，酗酒本身也必然要给它的牺牲者的肉体和精神以毁灭性的影响。它日益加强工人的生活条件所引起的容易感染疾病的倾向，它促进肺部疾病和胃病的发展，也极度地助长伤寒的发生和蔓延。

第三节　教育与道德

一、教育状况

既然资产阶级所关心的只是工人的最起码的生活，那我们也就不必奇怪它给工人受的教育只有合乎它本身利益的那一点点。英国的教育设施和人口数目比起来，少得很不相称。工人阶级可以进的不多的几个日校，只有少数人才能够进去，而且这些学校都是很坏的，教师都是已经失去了工作能力的工人或者是做什么工作都不适合的人，他们只是为了生活才来当教师，大多数连自己也没有具备最必要的基本知识，缺乏教师所应当具备的道德品质，并且一点也受不到公众的监督。这里也受着自由竞争的支配，照例也是有钱人在这上面占便宜，而穷人吃亏，因为对穷人来说竞争恰好不是自由的，他们没有相应的知识来做正确的选择。

没有一个地方实行义务教育。在工厂里，所谓义务教育也只是在名义上存在，当政府在1843年的议会会议上要想真正实施原来只是徒有其名的义务教育的时候，工业资产阶级就倾全力来反对，尽管工人表示坚决赞成。此外，有大批的儿童整个星期都在工厂和家里工作，因而不能上学。而为白天做工的人办的夜校几乎根本就没有人去，去了也得不到什么好处。青年工人累了12小时之久，还要叫他们在晚上8点到10点去上学，这也未免太过分了。那些去上学的人多半在上课的时候就睡着了。

固然也开办了主日学，但是那里教师极端缺乏，而且只是对那些已经在日校里学过一点的人，才能有些好处。从一个星期日到下一个星期日相隔的时间太长了，一个完全没有受过教育的孩子很难在下一次上课时不忘记他在上一次，即一星期前上课时学到的东西。

工人受教育，对资产阶级好处少，但可怕的地方却很多。政府在5 500万英镑的庞大预算中用于国民教育的只是4万英镑这样一个可怜的数目。假若没有各宗教教派的热狂，教育经费也许还要少得可怜，每一个教派都成立了自己的学校，而它们这样做的唯一目的就是要把本教教徒的孩子保留在自己的怀抱里，可能的话，还要从别的教派那里把某些不幸的孩子的灵魂抢夺过来。结果是是宗教的最无聊的一面（即对异教教义的辩驳）成了最主要的课程，孩子们的脑子里塞满了不能理解的教条和各种神学上的奥妙东西，从童年时期起就培养起教派的仇恨和狂热的偏执，而一切智力的、精神的和道德的发展却被可耻地忽视了。

这里可以看出，资产阶级和国家在工人阶级的培养和教育方面做了些什么。幸而这个阶级的生活条件本身就给他们一种实际的教育，这种教育不但代替了学校里的那一套废物，而且还清除了和那一套废物纠缠在一起的乱七八糟的宗教观念的毒素，甚至还把工人置于英国全民族的运动的前列。贫困教人去祈祷，而更重要得多的是教人去思考和行动。英国工人几乎都不会读，更不会写，但是他们自己的和全民族的利益是什么，他们却知道得很清楚。资产阶级的特殊利益是什么，他们能够从这个资产阶级那里得到些什么，他们也是知道的。虽然他们不会写，可是他们会说，并且会在大庭广众之中说。虽然他们不会算，可是他们对政治经济学概念的理解足以使他们看穿主张取消谷物税的资产者，并且驳倒他们。虽然他们完全不了解教士们费尽心机给他们讲的天国的问题，可是他们很了解人间的即政治的和社会的问题。

二、道德面貌及形成原因

在所有的英国学校里，道德教育总是和宗教教育连在一起，这种道德教育所产生的结果显而易见地丝毫不会比宗教教育好些。人们用来调节人对人的关系的简单原则，由于现存的社会条件，由于一些人反对一些人的战争，本来就已经非常紊乱，而当这些原则和不可理解的宗教教条掺杂在一起，并以一种专横而毫无理由的训令的宗教形式出现时，就不能不使那些没有受过教育的工人感到非常莫名其妙，学校对工人阶级的道德几乎没有任何影响。

英国资产阶级自私自利到这样愚蠢、鼠目寸光的程度，甚至不肯花一点力量把现代的道德，把资产阶级为了自身的利益、为了使自身有保障而炮制出来的道德灌输给工人！日益衰老、懒惰的资产阶级连为自己打算都认为是费力多余的了。当然，总有一天他们会后悔的，可是到那时就已经晚了。如果工人不懂得这种道德，不奉行这种道德的话，资产阶级无论如何是不该抱怨的。

可见工人在道德方面，也遭到统治阶级的摒弃和忽视。而资产阶级为工人准备的唯一的东西就是法律，当工人把它逼得太紧的时候，它就用法律来对付他们；就像工人是无理性的动物一样，对他们的教育工具只有一种：皮鞭——粗暴的、不能服人而只能吓唬人的力量。所以，这些被当作牲口看待的工人，不是真的逐渐变得像牲口一样，就是只有靠着对当权的资产阶级的烈火般的憎恨，靠着不可熄灭的内心激愤才能保持住人类应有的意识和感情。只要他们还对统治阶级感到愤怒，他们就仍然是人；但如果他们乖乖地让人把挽轭套在脖子上，只想把挽轭下的生活弄得比较过得去一些，而不想摆脱这个挽轭，那他们就真的变成牲口了。

工人在学校里受不到的道德教育，也不会在其他的生活条件下受到，——至少受不到那种在资产阶级心目中还有某种意义的道德教育。工人的整个状况、他们周围的整个环境都促使他们道德堕落。他们穷，他们几乎一点也享受不到生活的乐趣，法律的惩罚对他们也再没有什么可怕的。他们为什么一定要克制自己的欲望，为什么一定要让富人去享受他们的财富，而自己不从里面拿一份呢？当人们谈论“私有财产神圣不可侵犯”的时候，一切都讲得很冠冕堂皇，资产阶级听起来也很入耳。但是对没有任何财产的人来说，私有财产的神圣性也就自然不存在了。金钱是人间的上帝。资产者从无产者那里把钱抢走，从而真的把他们变成了无神论者。如果无产者成了无神论者，不再尊重这个人间上帝的神圣和威力，也没什么奇怪的了。当无产者穷到完全不能满足最迫切的生活需要，穷到要饭和饿肚子的时候，蔑视一切社会秩序的倾向也就愈来愈增长了。穷困让工人或者慢慢地饿死，或者立刻自杀，或者随便在什么地方见到他们所需要的东西，只要可能就拿走，就是偷。如果大多数的人宁愿偷东西而不愿饿死或自杀，那我们是不应该奇怪的。当然，工人中间也有许多人很讲道德，即使山穷水尽也不愿去偷，而这些也就是饿死或自杀的人。不久以前自杀还是上等阶级的值得羡慕的特权，现在在英国的无产者中间也时髦起来了，许多穷人都以自杀来摆脱贫困，因为他们找不到别的出路。

使工人道德沦丧的另一个根源就是他们的劳动的强制性。工人愈是感到自己是人，他就愈是痛恨自己的工作，因为他感觉到这种工作是被迫的，对他自己说来是没有目的的。他是为了钱，为了和工作本身毫无关系的东西而工作。他的工作单调得令人厌烦；如果他还保有些微人的感情的话，仅仅这一点就足以在最初几个星期内使他感到工作是一种痛苦。分工更把强制劳动所具有的使人动物化的这种作用增强了好多倍。在大多数的劳动部门里，工人的活动都被局限在琐碎的纯机械性的操作上，一分钟又一分钟固定不变地重复着，年年都是如此。如果一个人从童年起就每天有12小时或12小时以上从事于制针头或锉齿轮，再加上像英国无产者这样的生活条件，那么，当他活到30岁的时候，也就很难保留下多少人的感情和能力了。这种情形在使用机器和蒸汽动力以后也没有改变。工人的劳动减轻了，肌肉不需要紧张了，工作本身成了一些琐碎的事情，但同时也单调到了极点，使他除了把工作做好，别的什么东西也不能想。这种强制劳动剥夺了工人除吃饭和睡觉所最必需的时间以外的一切时间，使他没有一点空闲去呼吸些新鲜空气或欣赏一下大自然的美，更不用说什么精神活动了，这种工作怎么能不使人沦为牲口呢？这样，工人还是必须在两条道路中选择一条：或者屈服于命运，做一个“好工人”，“忠实地”维护资产者的利益（如果这样做，他就势必要变成牲口），或者起来反抗，尽一切力量捍卫自己的人类尊严，而这只有在反抗资产阶级的斗争中才能做到。

所有这些原因已经在工人阶级中引起了严重的道德堕落的现象，而人口集中使这种道德堕落的现象更加扩大，使它达到了极点。大城市是自行成长起来的，人们迁居到那里也完全是出于自愿；同时现在也还不能立刻就得出结论说：创造大城市的只是工业和靠工业发财的资产阶级；于是统治阶级就很便于把一切灾难都归咎于这个从外表上看起来似乎不可排除的原因。实际上，大城市不过是创造了一些条件，促使那些早已存在、至少已处于萌芽状态的罪恶迅速而全面地发展起来而已。艾利生郡长至少还保有相当的人性，他还承认这种罪恶，——他并不是一个完全成熟的工业资产者和自由党人，而只是一个半成熟的资产者和托利党人，所以真正的资产者完全看不见的东西他有时还能看得清楚。他这样描述："正是在大城市里，恶习和不正当的享乐布下了诱人的天罗地网；正是在这里，犯罪因可望不受惩罚而得到鼓励，懒散因有屡见不鲜的坏榜样而得到助长。……大城市腐化的主要原因是在于坏榜样所具有的传染性，在于年轻一代很容易遇到，而且每天都会遇到恶习的引诱，因而很难抵御这种引诱。有钱人当然并不比穷人好些，他们要是处在同样的情况下也是经不起这种引诱的；穷人们特别不幸的，是他们在任何地方都不能不遇到恶习的引诱和犯禁的享乐的诱惑……在大城市里，要使没有财产的阶级中的年轻一代免受恶习的引诱，显然是不可能的，这就是道德堕落的原因。"

在做了一长段有关道德的论述之后，他继续写道："当上等阶级为了自己的利益把大批工人塞在一个小小的地方的时候，罪恶的传染就特别迅速而且不可避免。下等阶级，就他们现在的宗教和道德的发展水平而论，往往很难责备他们屈服于周围的诱惑，正如同很难责备他们成为伤寒的牺牲品一样。"

尽管半资产者艾利生的见解是有局限性的，但是他却把大城市在工人道德发展方面造成的有害后果暴露出来了。活得毫无保障、挣一天吃一天的日子，一句话，就是把英国工人造成无产者的那种东西，对他们的道德所起的破坏作用比贫穷还要厉害得多。

妇女在工厂里工作，在道德方面引起了更加严重得多的后果。人们不分男女老少地聚集在一间工作室里，他们不可避免地互相接近，没有受过任何智育和德育的人们挤在一个狭小的地方，这一切对妇女的性格的发展是不会有什么好影响的。

厂主即使注意到这一点，也只是在真正发生了什么丑事的时候才会出来干涉。在“1833 年工厂调查委员会报告”中，许多证人都说工厂中的谈话是“猥亵的”“下流的”“肮脏的”等等。我们在大城市里大规模地看到的事情在这里小规模地发生着。工厂愈小，接近的机会就愈多，交往就愈不能避免。莱斯特的一个证人说，他宁愿让他的女儿去讨饭，也不愿送她进工厂，工厂是地狱的真正入口，城市中的大多数妓女都是工厂造成的。曼彻斯特的另一个证人“毫不犹豫地断定，工厂中的 14 岁到 20 岁的青年女工有 3/4 已经丧失了童贞”。委员会委员考威尔简直就认为，工厂工人的道德比工人阶级的中等道德水平还要低一些。

厂主也是女工的身体和美貌的主宰。解雇的威胁 10 回中也有 9 回足以摧毁女孩子的任何反抗，何况她们本来就不很珍视自己的贞操。如果厂主够卑鄙的话，那么他的工厂同时也就是他的后宫；而且，即使不是所有的厂主都利用这个权利，女工们的情况本质上也不会因此而有所改变。在工厂工业创始的时期，当大多数厂主都是没有受过教育而且不尊重社会上的伪善习俗的暴发户的时候，他们是泰然自若地利用他们这个“正当地得来的”权利的。

而煤矿工人由于矿井里温度很高，男人、女人和孩子往往都是赤身裸体地工作，而在大多数场合差不多是一丝不挂的，其结果可想而知。私生子非常之多就是很好的证明；但这也证明，非婚的性关系在这里还没有达到城市里那种卖淫的地步。妇女的劳动在这里也产生了和工厂里一样的后果；它破坏了家庭，使妇女完全失去了履行母亲的义务和料理家务的可能。在针织工厂，生产花边的工作没有规律、常常做夜工以及由此产生的不正常的生活方式，所有这些都在许多方面损害了身体，败坏了道德，特别是像大家一致指出的，引起了混乱而过早的性关系。

第四节　卫生状况与疾病

在大城市这章，恩格斯描述了工人的生活、工作环境及健康状况，虽然在别的部分也有描述，但是这一章的描述比较具有代表性。

一、卫生状况

恩格斯描述说爱丁堡穷人的家里是多么肮脏，可是，在这种条件下肮脏也是意料中的。晚上，鸡宿在床柱上，狗甚至马也和人挤在一间屋子里面，因而这些住房自然极其肮脏和恶臭，而且各种各样的虫子都在里面繁殖起来。爱丁堡本身的布局就对住宅的这种恶劣状况起了最大的促进作用。旧城位于一座小山的两个斜坡上，沿山脊是一条大街。从这条大街的两边向山下伸出许多弯弯曲曲的小胡同，由于它们是弯弯曲曲的，人们就把它们叫作弯街；这些小胡同就构成该城的无产阶级区。在英格兰，每一家人都尽可能地力求住一幢单独的小房子，在苏格兰的城市里却刚刚相反，房子都盖得很高，像巴黎一样地有五六层，里面住了许多家人；因此，人们非常拥挤地塞在一个不大的空间里的情形，就更加严重了。

在英国的“机工”（月刊1843年10月号）杂志上有一篇关于城市工人卫生状况的文章，文章中说道：“这些街道常常窄得可以从一幢房子的窗子一步就跨进对面房子的窗子；而且房子是这样高，这样一层叠一层，以致光线很难照到院子里和街道上。城市的这一部分没有下水道，房子附近没有渗水井，也没有厕所，因此，每天夜里至少有5万人的全部脏东西，即全部垃圾和粪便要倒到沟里面去。因此，街道无论怎么打扫，总是有大量晒干的脏东西发出可怕的臭气，既难看，又难闻，而且严重地损害居民的健康。不但如此，凡是和这个地方的居民比较熟识的人都可以证明，疾病、贫穷和道德堕落在这里达到了什么程度。在这里，社会已经堕落到无法形容的下流和可怜的地步。贫穷阶级的住宅一般都很脏，而且显然是从来没有打扫过。这些住宅大半都只有一个房间，虽然空气很不流通，但是由于玻璃被打破了，窗框又不好，所以屋里还是很冷。屋子是潮湿的，往往位于地平线以下，家具总是少得可怜或者干脆就没有，一捆麦秸常常成为全家的床铺，男人和女人、小孩和老头乱七八糟地挤在一起。水只有到公用的水龙头那里去取；取水的困难自然在各方面都促进了肮脏的传播。”

在工厂城市中我们也发现完全相同的情形。诺定昂总共有11 000幢房子，其中有7 000～8 000幢盖得后墙一堵挨一堵，因而空气就无法流通；此外，大部分是几幢房子只有一个厕所。不久以前做了一次调查，发现一排一排的房子都是建筑在仅仅盖上了一层木板的不深的污水沟上。在莱斯特、得比和设菲尔德，情形也是一样。关于伯明翰，上述的“机工”杂志上的那篇文章这样说：

“在旧市区有不少地方到处是臭水洼和垃圾堆，肮脏而无人照管。伯明翰的大杂院很多，有2 000多个，工人大部分都住在这种大杂院里。这种大杂院通常都很狭窄、肮脏、空气不流通，污水沟很坏；每一个大杂院四周有8～20幢房子，这些房子只有一面透空气，因为它们的后墙是和其他的房子共用的，而在院子最里面的地方通常是一个公共垃圾坑或类似的东西，其肮脏是无法形容的。但是必须指出，较新的大杂院是建筑得比较合理，保持得也比较不错的，甚至在旧的大杂院中，小宅子也不像曼彻斯特和利物浦那样密集，因此，在伯明翰发生流行病的时期，死亡事件就比起离开它总共只有几英里的乌尔未汉普顿、达德里和比尔斯顿少得多。伯明翰也没有住人的地下室，虽然地下室有时不是照它应有的用途来加以使用，而在里面设立了作坊。供无产者寄宿的夜店是很多的（400 个以上）；它们大部分是在城市中心的大杂院里面。几乎所有的夜店都脏得令人作呕，发出一股霉臭；这是乞丐、流浪汉、小偷和妓女的藏身之所。这些人住在这里，根本不讲究什么礼貌，也不要求什么舒适；他们在这种只有这些已经堕落的人才能忍受的氛围中吃饭、喝酒、抽烟和睡觉。”

格拉斯哥在许多方面是和爱丁堡相像的：有同样弯弯曲曲的小胡同、同样高的房屋。关于这个城市，“机工”杂志曾经这样说：

“工人阶级在这里差不多占总人口（将近 30 万）的 78%，他们住在城市的这样一些地方，这些地方在贫穷和肮脏方面超过了圣詹尔士和怀特柴泊的最糟糕的小胡同，超过了都柏林的郊区和爱丁堡的弯街。这些地区有许多在市中心——特隆盖特以南、盐市以西、考尔顿、‘大街’后面以及其他地方；这是一片一望无边的像迷阵一样的狭窄的街道和弯弯曲曲的小胡同，在这些地方差不多每走一步都可以遇到破旧的、空气不流通的、好几层的、没有自来水的、半坍塌的房子所形成的大杂院或死胡同。这些房子真正是塞满了人。每一层住着三四家，有时达20人之多，有时每一层整个地都当夜店租出去，在一个房间里，不能说安插了，而简直是塞进了15个到20个人。这些区域是居民中最贫穷、最堕落和道德败坏到极点的一部分人的藏身之所，这些地方应当被看作那些可怕的要命的流行性热病的发源地，这些病就从这里蔓延到整个格拉斯哥。”

利兹在艾尔河畔，连接曼彻斯特和利兹的铁路沿着柯尔德河前进。灰色的粗石块砌成的房屋和郎卡郡那些变黑了的砖房比起来是这样美丽，这样整洁，使人看了就觉得愉快。但是，一走到城市里面去，就会发现令人愉快的事情是很少的。如像上述的“机工”杂志在另一个地方所写的（我自己相信这种描写是正确的）：

“利兹位于一个向艾尔河河谷逐渐倾斜下去的斜坡上。这条河约有一英里半长的一段蜿蜒曲折地穿过该城，在解冻或大雨滂沱的时候就猛力地向四面泛滥。城西较高的地区，就这样一个大城市说来，是相当清洁的，但是位于该河及其支流沿岸的那些地势较低的地区却是肮脏的、拥挤的，它们本身就足以缩短当地居民、特别是小孩子的寿命。此外，我们还可以提一提寇克盖特、马许胡同、十字街和里士满路附近的工人区的令人作呕的情形。这些地方的街道大多数既没有铺砌过，也没有污水沟，房屋盖得杂乱无章，有许多大杂院和死胡同，甚至最起码的保持清洁的设备也没有。所有这一切就完全足以说明这些不幸的、肮脏和贫穷的渊薮中的过高的死亡率。在艾尔河泛滥的时候（顺便说一说，这条河像一切流经工业城市的河流一样，流入城市的时候是清澈见底的，而在城市另一端流出的时候却又黑又臭，被各色各样的脏东西弄得污浊不堪了），住房和地下室常常积满了水，不得不把它舀到街上去；在这种时候，甚至在有排水沟的地方，水都会从这些水沟里涌上来流入地下室，形成瘴气一样的饱含硫化氧的水蒸气，并留下对健康非常有害的令人作呕的沉淀物。在1839年春汛的时候，由于排水沟沟水外溢竟产生了非常有害的后果：根据出生死亡登记员的报告，本城该区本季度的出生和死亡之比是2：3，而本城其他区域同一季度内的比率却恰好相反，即出生和死亡之比是3：2”。

在这个城市的其他的人口密集地区，根本没有污水沟，或者虽有但是修得很坏，一点用处都没有。在某些街上的房屋的地下室中，很少有干燥的时候；在其他区域的许多街上，铺着厚厚的一层稀泥。居民一次又一次地用煤渣填平坑洼，想把街道修好，但是并没有用，一堆堆的垃圾还是到处堆着，房子里倒出来的污水还是积在水洼里面，直到风把它吹干，太阳把它晒干为止。

离利兹仅7英里的布莱得弗德也是如此，该城位于几个河谷的交叉点上，靠近一条黑得像柏油似的发臭的小河。在晴朗的星期天——因为在工作日这城市是被灰色的烟云笼罩着的——从周围的小山上看去，该城呈现出一幅非常美丽的景色；但是城市里面也和利兹一样地肮脏和不适于居住。城市的老区位于陡峭的斜坡上，这些区域里的街道条狭窄而不规则的。在胡同、死胡同和大杂院里，堆着垃圾和脏东西；房屋破旧、肮脏、不适于住人，在河的紧旁边，在谷底，我看到过许多房屋，最下一层有一半陷在山坡里，根本不适于住人。在谷底，在工人住宅挤在高耸的厂房当中的地方，是整个城市中最肮脏和建筑得最糟的部分。在布莱得弗德的比较新的区域里，正像在其他任何工厂城市里一样，小宅子比较整齐，排成一列一列的，但是在这里，也可以看到和传统的安置工人的方法分不开的一切弊病，关于这方面，在讲到曼彻斯特时，我们还要更详细地讲一下。约克郡西部其他城市如班斯里、哈里法克斯、哈得兹菲尔德的情形也是一样。虽然哈得兹菲尔德由于它那令人神往的自然环境和最新的建筑形式，成为约克郡和郎卡郡一切工厂城市中最美丽的一个，但是它仍然有许多坏的区域。由市民大会选出的城市调查委员会在1844年8月5日的报告中写道："大家知道，在哈得兹菲尔德，整条整条的街道和许多胡同及大杂院都既没有铺砌，也没有下水道或其他任何排水沟；这些地方堆积着污泥、垃圾和各种废弃物，这些废物在逐渐腐烂，发酵；几乎到处都有污水洼，因此，这里的住宅都是又脏又坏，以致疾病丛生，威胁着全城的健康。"

索尔福城，这里实质上是一个工人区，只有一条独一无二的大街横贯其中。曾经有一个时候，索尔福比曼彻斯特更为重要，是四周各个区域的中心，这些区域直到现在还叫这个名字。所以这里也有一个相当古老的、因而直到现在还是肮脏而破落的、非常不卫生的地区；这个地区位于曼彻斯特老教堂对面，情况之糟和艾尔威尔河对岸的旧城完全一样。离河稍远一点的地方是一个比较新的地区，但是也已经超过了40年，因而也是够破的。整个城市都是由大杂院和狭窄的小胡同所组成的，这些小胡同狭窄的程度，使我想起我过去看到过的最狭窄的街道——热那亚的狭窄的小街。在建筑方式上，索尔福比曼彻斯特还要坏得多，在清洁方面也是这样。在曼彻斯特，警察间或（每隔6年到10年）还到工人区去一次，封闭一些最坏的住宅，强迫人们把这些奥吉亚斯的牛圈中最脏的地方打扫一下，而在索尔福，警察显然是从来不这样做的。礼拜堂街、格林盖特和砂砾胡同两边的小胡同和大杂院，大概从造好以后一次也没有打扫过。现在，利物浦铁路经由一座高耸着的高架桥通过这些街道的上空，一些最肮脏的角落是消灭掉了，但是这样一来是不是就好了一些呢？当你乘火车通过这座高架桥的时候，从桥上往下看，还是可以看到相当肮脏相当贫穷的景象；如果不怕麻烦，到这些胡同里逛一下，从洞开的门窗向房屋和地下室里望一下，那就不难相信，索尔福工人住的房屋根本谈不上清洁和舒适。在离索尔福中心较远的地区，在伊斯林顿，在瑞琴特路，在波尔顿铁路后面，都可以看到同样的情形。奥尔德菲尔德路和十字胡同之间的雷普街两旁，许多大杂院和小胡同是最糟糕的，这个地区的工人住宅就肮脏和拥挤而论都可以和曼彻斯特的旧城媲美。在这个地方，我遇到一个人，看样子已经60来岁，住在一个牛棚里；在这个没有窗子、没有地板、甚至地上什么也没有铺砌的方匣子里，他装了一个像烟筒似的东西，放了一张床，就住在里面，一下雨，雨水就从破烂的屋顶往下漏个不停。这个人已经太老，太衰弱，不能做经常性的工作了；他用手推车搬运粪便等等来维持生活；粪坑就紧靠着他住的牛棚。

最为典型的是生活在这种环境之下的工人在体格、智力和道德等方面呈现的状况，具体表现为：健康恶化、老得快、死得早；几乎都不会读，更不会写；道德堕落等等。对此，恩格斯做了很多描述如：位于城市中最糟的区域里的工人住宅，和这个阶级的一般生活条件结合起来，就成为百病丛生的根源。在工人中最常见的疾病有肺结核、猩红热和伤寒等，而伤寒这种灾害的到处蔓延，是直接由于工人的住宅很坏、通风不良、潮湿和肮脏而引起的。至于工人所患的各种各样的职业病，更是工厂劳动的性质本身和劳动环境的直接产物。

二、疾病

伦敦的空气永远不会像乡间那样清新而充满氧气。250 万人的肺和 25 万个火炉集中在三四平方德里的地面上，消耗着极大量的氧气，要补充这些氧气是很困难的，因为城市建筑本身就阻碍着通风。呼吸和燃烧所产生的碳酸气，都滞留在房屋之间，而大气的主流只从屋顶掠过。住在这些房子里面的人得不到足够的氧气，结果身体和精神都萎靡不振，生活力减弱。因此，大城市的居民患急病的，特别是患各种炎症的，虽然比农村居民少得多，但是患慢性病的却多得多。

工人区里的污浊空气的危害更多，一切能使空气变得更坏的东西都聚集在那里了。大城市的中心，在四周全是建筑物、新鲜空气全被隔绝了的街道上和大杂院里，一切腐烂的肉皮菜帮之类的东西都散发着对健康绝对有害的臭气。正是这些东西散发出制造疾病的毒气和被污染了的河流冒出来的水蒸汽对公共卫生总要引起最恶劣的后果。真正令人发指的，是现代社会对待大批穷人的方法。他们被引诱到大城市来，他们呼吸坏的空气，他们住的地方由于建筑杂乱无章，通风情况非常坏。一切用来保持清洁的东西都被剥夺了，水也被剥夺了，因为自来水管只有出钱才能安装，而河水又弄得很脏，根本不能用来洗东西。他们被迫把所有的废弃物和垃圾、把所有的脏水、甚至还常常把最令人作呕的脏东西倒在街上，因为他们没有任何别的办法扔掉所有这些东西。他们就这样不得不弄脏了自己所居住的地区。

城市人口本来就够稠密的了，而穷人还被迫更其拥挤地住在一起。他们除了不得不呼吸街上的坏空气，还成打地被塞在一间屋子里，在夜间呼吸那种简直闷死人的空气。给他们住的是潮湿的房屋，不是下面冒水的地下室，就是上面漏雨的阁楼。给他们盖的房子盖得让坏空气流不出去。给他们穿的衣服是坏的，给他们吃的食物是坏的、掺假的和难消化的。这个社会使他们的情绪剧烈地波动，使他们忽而感到很恐慌，忽而又觉得有希望，像追逐野兽一样地追逐他们，不让他们安心，不让他们过平静的生活。除了纵欲和酗酒，他们的一切享乐都被剥夺了，可是他们每天都在工作中弄得筋疲力尽，这就经常刺激他们去毫无节制地沉湎于他们唯一能办到的这两种享乐。如果这一切还不足以毁灭他们，如果他们抗住了这一切，那么他们也会在危机时期遭到失业。

在这种情况下，工人的死亡率极高，流行病在他们中间不断蔓延，他们的体力愈来愈弱。

肺部的疾病是这种生活条件的必然结果，肺结核病人很多，肺结核在英国北部的工厂城市里每年也都要夺去不少人的生命。除其他肺部疾病和猩红热外，和肺结核同样厉害的，首先是一种在工人中间有最可怕的破坏力的病疫——伤寒。这种灾害的到处蔓延，是直接由于工人的住宅很坏、通风不良、潮湿和肮脏而引起的。只要有一个空气不流通的大杂院，只要有一个没有污水沟的死胡同，就足以引起热病，特别是当居民住得很挤而附近又有腐烂的有机物的时候就更是这样。这种热病的性质几乎到处都相同，而且几乎在一切场合下都会转为明显的伤寒。这种疾病在一切大城市的工人区里都可以发现，而传布得最广的还是在贫民窟中，虽然它在较好的区域里自然也找得到个别的牺牲者，这种疾病已经猖獗好久了。病人多半是不久以前才从乡下来的工人，他们在路上、甚至到达伦敦以后都受尽了千辛万苦，衣不蔽体、食不果腹地睡在街上，找不到工作，终于得了热病。这些人进入医院时非常虚弱，必须服用极大量的葡萄酒、白兰地酒，氨制剂以及其他兴奋剂。全部病人中有

16.5%死亡。在曼彻斯特也发现这种恶性的热病；在旧城等较坏的工人区，这种病几乎从来没有绝迹过，但在这些地方，也如同在英格兰各城市里一样，这种病还没有蔓延得像预料中的那样厉害。但是在苏格兰和爱尔兰，伤寒猖獗的程度却超出一切想像之外。整个苏格兰的穷人有1/6患了热病，乞丐般的流浪者以惊人的速度把这种灾害从一个地方带到另一个地方，但是并没有影响到社会的中上等阶级。

如果回想一下工人是生活在什么样的条件下，如果考虑一下，他们的住屋是怎样拥挤，每一个角落是怎样塞满了人，有病的和没病的又怎样都睡在一间屋子里，睡在一张床上，那么人们就只能惊奇，这样一种容易传染的热病竟没有蔓延得更广一些。对这种病很有研究的艾利生博士，认为穷人的贫困和悲惨的处境是生病的原因；他说，正是匮乏和生活需要的不能满足，使身体容易感染疾病，并使流行病变得特别危险，使它迅速蔓延。

三、职业病

工厂劳动中还有几个对健康特别有害的部门。例如在纺纱工厂和纺麻工厂里，屋子里都飞舞着浓密的纤维屑，这使得工人，特别是梳棉间和刮麻间的工人容易得肺部疾病。但是工人是没有选择的余地的，他在哪一部分找到工作，他就得到哪里去，不管这对他的肺部有什么样的影响。把这种纤维屑吸到肺里去，最普通的后果就是吐血、呼吸困难而且发出哨音、胸部作痛、咳嗽、失眠，情形最严重的最后就成为肺结核。

特别有害的是亚麻的湿纺工作，做这种工作的都是年轻的姑娘和小孩子。水从锭子上溅到他们身上来，所以他们的衣服的前襟总是透湿的，地上经常有积水。纺纱工厂的并纱间的情形也是这样，只是在程度上稍微好一些，而后果也是经常的感冒和肺部疾病。说话时声音嘶哑、刺耳，这是一切工厂工人的特点，而湿纺工和并纱工尤其厉害。纺麻的另一个后果是肩部的特殊畸形，即由劳动过程的性质本身所引起的右肩胛骨向前突出。纺麻也像在水力纺纱机上纺棉一样，常常引起膝盖骨的疾病，因为在接断头的时候要用膝盖来抵住锭子，使它停止转动。做这两种工作，工人必须时时弯腰，而且机器又安得离地不高，这就引起了身长发育不足的毛病。我曾经在曼彻斯特一家棉纺织工厂里工作过，在这个工厂的水力纺纱机车间里，就我的记忆所及，没有一个长得匀称的高个子的女孩子；她们都矮小；发育不良，胸部狭窄，体形很难看。

除了所有这些疾病和畸形，工人还会成为残废。机器上的工作常常酿成许多相当严重的不幸事件，结果还使得工人暂时地或永久地失去工作能力。最常见的是一个手指被压碎了一节，比较少见的是整个手指、半只手或整只手、整条胳膊等等被轮子卡住并且给轧碎了。受了这些伤以后，往往染上破伤风，因而死亡。在曼彻斯特，除了许多畸形者，还可以看到大批的残废者：这个人缺一只或半只胳膊，另一个人缺一只脚，第三个人少半条腿；简直就好像是生活在一批从战争中归来的残废者里面一样。但是机器上最危险的地方是从大轴上给各种机器传送动力的传动皮带，特别是在这种皮带装有扣子的时候，不过这种情形现在已经很少见了。谁要是被这种传动皮带带住，转眼间就会被卷起来摔到天花板或地板上去，摔得一根完整的骨头都留不下，立刻就死去。发生这种不幸事件时，即使受伤者因此失去劳动能力，厂主们最多也只付医药费，在治疗期间照付工资的就极其少见了。至于不能再工作的工人以后如何生活，那是和他们不相干的。

在针织工业中，由于严格的分工，生产花边的过程变得非常复杂，分成了许多部门。首先是把棉线缠到筒管上，这工作由 14 岁或更大一些的女孩子（络线工）来做；然后把这些筒管装在机器上，把线从小孔中穿过去（这种小孔每台机器平均约有1 800个），并把它引到规定的地方，这工作由 8 岁或更大一些的男孩子（穿线工）来做；然后才是工人织制花边；花边从机器上取下来时是宽宽的长条形的，由很小的孩子把连接每块花边的线挑出来，把它们一块一块地分开；这个工序叫作挑或抽花边，这些小孩子就叫作挑花边工。无论是络线工或穿线工，都没有一定的工作时间，机器筒管上的线一用完，就需要他们；因为工作在夜间还继续进行，所以任何时间都可能需要他们到工厂或花边工人的工作间去。工作本身对眼睛的害处是很大的，在他们中间眼炎是很流行的，而穿线的工作本身就会引起眼痛、流泪、视力一时模糊等。至于络线工，那么已经查明，她们的工作严重地损害视力，除了引起经常性的角膜炎，还常常引起白内障和黑内障。花边工的工作是很辛苦的；机器造得愈来愈宽，现在使用的几乎全是需要 3 个男工操纵的机器；这 3 个人依次每隔 4 小时换一次班，所以他们合起来每昼夜工作 24 小时，每一个人每天工作 8 小时。

对健康最有害的是挑花边的工作，做这种工作的多半是 7 岁、甚至是 5 岁或 4 岁的孩子，甚至有一个两岁的孩子在做这种工作。经常在复杂的花边纹路中注视着需要用针挑出来的那根线，是非常伤眼睛的，特别是这种工作通常都得继续 14 小时或 16 小时之久。这样，他们的眼睛要么近视要么因黑内障而永远失明。此外，孩子们因为经常弯着腰工作，所以长大时身体很弱，胸部狭窄，并因消化不良而患瘰疬；子宫功能破坏的现象在女孩子中几乎是很普遍的，脊柱弯曲也一样地普遍，所以仅从走路的姿势上就可以认出他们是挑花边工。绣花边无论对眼睛，或对整个身体，也都有同样的后果。做证的医生一致说，所有从事花边生产的孩子脸色苍白，虚弱无力，他们的身体与年龄比起来都显得太矮小；对疾病的抵抗力也比别的孩子差得多。他们通常的疾病是：全身虚弱、常常昏倒、头痛、两胁痛、背痛、腰痛、心跳、恶心、呕吐、食欲不振、脊柱弯曲、瘰疬和肺结核。这种工作时刻都在极其严重地破坏妇女的健康，患妇女贫血症、难产和流产的到处都是。

花边生产的另一部门即花边的编结，已扩展到农业地区。从事这一工作的大都是儿童和少年，他们都抱怨吃得不好，很少吃到肉。他们的劳动对健康是极端有害的。孩子们在狭小的、不通风的和令人窒息的屋子里工作，老是坐着，弯着腰拨动编针。为了使身体勉强保持这种吃力的姿势，女孩子们都穿上带有木板条的紧身，由于这些女孩子大半都是很小就开始工作，那时骨头还很软，因此，这种紧身使胸腔和肋骨完全移动了位置，使胸部普遍狭窄。由于工作地点的空气不好，工作时又整天坐着不动，这些女孩子大多数患了消化不良症；她们在受到这种病的残酷折磨之后，就得肺结核死去。她们几乎没有受过任何教育，道德方面的教育受得更少，又都喜欢打扮，因此她们的道德水平低得可怜，卖淫在她们当中几乎成了流行病。

这就是社会为了使漂亮的资产阶级太太们能享受戴花边的快乐而付出的代价！总共只有几千个工人弄瞎了眼睛，只是一些无产阶级的女儿得了肺结核，只是一代平民弄得孱弱不堪，而这种孱弱的体质还是遗传给这些平民的同样是平民的子孙。我们的英国资产阶级若无其事，照旧用花边来装饰自己的太太和女儿。

郎卡郡、得比郡和苏格兰西部有大批的工人在印花工厂中工作。在英国工业没有一个部门的机械的发展使工人的状况恶劣到这种地步。印花业完全实行了工厂制度，但不受法律对工厂制度的限制。这一行业所生产的是时髦的商品，所以没有规定的工作时间。定货少的时候，他们就只有一半时间工作；生意好的时候，工厂就工作到夜间 10 点、12 点，甚至通宵。

漂白工的工作对健康是非常有害的，因为他们不得不经常把氯气这种对肺部极有害的物质吸进去。

伦敦的、特别是斯比脱菲尔兹的丝织工，很久以来就陷入周期性的极端贫困之中，而他们非常积极地参加英国的、特别是伦敦的一切工人运动这一事实，就证明他们现在也还没有理由满意自己的状况。压在他们头上的贫困引起了热病，这种病蔓延到伦敦的东部，并且促成了工人阶级卫生状况调查委员会的成立。但是，从伦敦热病医院最近的报告中可以看出，这种热病还是很猖獗的。

煤矿工人还患一大串特殊的病，这些病也是其他矿工所患的。首先，他们都患胃病；食欲消失，多数都腹痛、恶心和呕吐，同时口渴得厉害，但只能用矿井里肮脏的、常常是微温的水来解渴。消化器官的活动受到了破坏，这又促成了其他疾病的产生。煤矿工人们也常常患心脏病，如心肌肥大，心脏炎和心包炎，心脏的血管硬化和主动脉口狭窄等。这些疾病的原因就是劳动过度。疝气也几乎是普遍的现象，这也是肌肉过度紧张的直接后果。在许多矿井里，由于肌肉过度紧张，又由于空气里充满了尘土、碳酸气和矿坑瓦斯，产生了许多痛苦而危险的肺部疾病，特别是哮喘病。这种工人所特有的一种病是所谓黑痰病，它是由细微的煤屑侵入肺的各个部分所引起的；这种病的征候是全身衰弱、头痛、呼吸困难、吐黑色的脓痰。这种病除上述各种征候表现得特别明显外，还有呼吸短促而带有哨音、脉搏很快（每分钟100多次）、时断时续的咳嗽等现象；病人愈来愈瘦，愈来愈弱，很快就失去工作能力。这种病之所以普遍存在，应当归罪于不安装良好通风设备的唯利是图的矿主。风湿病也是一切煤矿工人共同的疾病，这种疾病大部分是由于经常待在潮湿的矿井中引起的。所有这些疾病的结果就是各个地区的煤矿工人都衰老得早，40 岁左右就已经不能工作了。到 45 岁或 50 岁还能继续工作的煤矿工人是极其少见的。这一劳动部门中的工人到 40 岁就衰老了。由于重体力劳动，他们在 28 岁到 30 岁之间就已经衰老了，自然也就死得早，所以在他们中间很少能遇见 60 岁的老人；甚至在矿井的设备好得多的南斯泰福郡也只有很少的一部分人能活到 50 岁以上。所有这些都必须记在资产阶级的账上！

第五节　童　　工

一、儿童劳动及劳动本身特性

现代工业一兴起，工厂就雇用小孩子；最初由于机器小，在机器上工作的几乎完全是小孩，而且他们主要是从孤儿院里领来的，厂主把他们当作“学徒”成群地长期雇用。他们完全是雇主的奴隶，受雇主的最残酷和最野蛮的虐待。早在 1796 年，派西沃博士和罗皮尔爵士（棉纺织工厂厂主）就那么有力地表现了这个令人发指的制度在社会舆论中所引起的愤怒，竟使得议会在1802年通过了学徒法，制止了最惊人的虐待。自由工人的竞争渐渐地抬起头来，把学徒制挤掉了。工厂愈来愈多地在城市里建立起来，机器变大了，屋子里空气比较流通了，也比较清洁了。同时，成人和青年的工作也逐渐多起来，于是在工厂里工作的儿童的相对数目就减少了一些，他们开始工作的年龄也稍微提高了一些。人们很少雇用八九岁以下的孩子了。以后，正如我们在下面将要看到的一样，立法机关也一再地出来保护儿童，使他们不会因资产阶级的贪欲而受到残害。

二、童工的悲惨状况

“童工调查委员会报告”这样告诉我们：在陶器制造业的某些部门中，孩子们在温暖而宽敞的房子里做着轻便的工作，但是在另外一些部门里他们都既得不到足够的食物，也穿不上好的衣服，却要从事繁重而紧张的劳动。有许多儿童抱怨道：“我老是吃不饱，多半只能吃到带盐的土豆，从来没有肉和面包；我不能去上学，我没有换洗的衣服。”——“今天中午一点东西也没吃，我们家里从来就不吃午饭，吃的多半只是带盐的土豆，偶尔才吃到点面包。”

送模型工的工作特别损害健康，孩子们把制成的坯子和模子一起送到干燥房里，等到坯子干燥到一定程度以后，再把空模子送回去。他们这样整天沿着楼梯跑上跑下，搬运着不适合于他们年龄的过分沉重的东西，而且还得在高温下进行工作，这就使他们更加疲劳。这些孩子几乎毫无例外地都消瘦、苍白、孱弱、矮小而且发育不良；他们差不多都患胃病，经常呕吐，食欲不振，其中有许多人由于虚弱而死掉。那些因转动辘轳而被称为辘轳工的男孩，几乎也是同样的孱弱。但是最有害的工作是把成品浸到一种含有大量的铅而且常常含有许多砷的液体里，并且要把刚刚在这种液体里浸过的制品用手拿出来。这些工人的手和衣服总是被这种液体浸湿，他们的皮肤渐渐变松，在经常和物体的粗糙而接触时就容易脱落，手指常常受伤出血，所以有害的东西就非常容易侵入身体。剧烈的腹痛和严重的肠胃病、经常的便秘、疝气痛，有时还会引起肺结核，而在小孩子身上更常常引起羊痫疯。

英国矿业最重要的部门——铁矿和煤矿。在开采方法大致相同的煤矿和铁矿里做工的，有 4 岁、5 岁、7 岁的儿童，但大多数都在 8 岁以上。他们的工作是把开采出来的矿石或煤从开采地运到马车道上或主要的矿井里去，以及把从矿井的一部分通往另一部分的门打开让工人和矿石通过，然后再关上它。看这些门的多半是最小的孩子，他们就这样被迫每天在黑暗、狭窄、多半是潮湿的巷道里孤独地坐上 12 小时。可是搬运煤和铁矿石却是很繁重的劳动：必须在高低不平的坑道里把装满了煤或铁矿石的相当大的没有轮子的运矿桶拖着走，常常要涉过稀泥或水，爬上陡坡和通过低得有时必须爬着走的巷道。因此，这个吃力的工作就由年龄较大的男孩子和快成年的女孩子来做。

随着情况的不同，每一个运矿桶或由一个成年工人拖着走，或由两个孩子，一个在前面拉，另一个在后面推着走。成年男子和16岁以上的比较结实的青年所做的挖矿工作也是非常累人的。工作日通常长到11小时至12小时，往往还要长些，在苏格兰竟长到14小时。把工作的时间延长一倍的事情是极常见的，因此，所有的工人都要在地下连续工作24小时，也往往达36小时。在大多数矿里都没有固定的吃饭时间，所以工人们都是在肚子饿了而且又能够抽出一点点时间来的时候吃些东西。

运铁矿石和煤的儿童和少年都因工作太累而叫苦不已。下面这样的事情是屡见不鲜的：孩子们一回到家，就倒在灶旁的石板地上睡着了，甚至什么东西都不能吃，父母得把睡着的孩子洗干净，抱上床去。孩子们常常疲倦得倒在路上睡着了，于是父母必须在深更半夜去寻找他们，把他们在睡梦中带回家去。女孩子和妇女的情形也是一样。人们极残酷地迫使她们去做力不胜任的工作。这样的过度劳动所产生的第一个结果，就是肌肉的发展不平衡，阻碍了身体的成长和发育，几乎所有矿工的个子都很矮小。其次是延缓了男孩子和女孩子的性的成熟期，男孩子的性的成熟期常常要晚到18岁。在这种条件下和体质这样孱弱的情况下，矿工两腿弯曲、两膝向里弯、两足形成外八字、脊柱弯曲等等畸形状态，是工作时姿势一直不自然所造成的最普遍的后果，这些畸形是这样常见。

伯明翰也有许多资本家开设的较大的工厂，在这些工厂中工厂制度占绝对的统治地位：这里所实行的极精密的分工和蒸汽动力的应用，使厂主们可能雇用很多妇女和儿童。男人从这一劳动部门中被排挤出来，机器不断改良，儿童过早地自立，孩子们总是半饥半饱，穿得破破烂烂。他们有一半人不知道什么叫吃饱，许多孩子一天只吃1个辨士的面包，或者在午饭以前一点东西也不吃；甚至还有一些小孩子从早晨8点到晚上7点连一点东西都吃不到。他们常常衣不蔽体；许多孩子甚至在冬天还赤着脚。因此，所有的儿童，身体都很矮小，很孱弱，并且很少有发育正常的。他们用来恢复体力的东西是这样贫乏，但是还得在令人窒息的屋子里做长时间的繁重的工作，如果我们注意到这一点，那就不会奇怪，为什么伯明翰能服兵役的男人是这样少了。

在伯明翰，5岁到15岁的儿童有一半以上根本没有进过学校；学生经常你来我去，所以要使他们好好地受点教育是不可能的，所有的儿童很早就离开学校去做工。一个女教员在回答她是否进行道德教育的问题时说："没有，一星期3辨士的学费哪能这样要求。"有些女教员连这个问题都不懂，而其他一些则认为，对儿童进行道德教育根本不是她们分内的事。所有的罪犯有一半是15岁以下的，仅仅在一年内就有90个10岁的罪犯被判了刑，其中有44人是刑事犯。混乱的性关系看来几乎是普遍现象，而且这种关系在年纪很小的时候就开始了。

第六节 工人阶级状况的恶化

一、思想与自由的丧失

现在让我们来看看工厂制度的另一面，这一面的后果是比这种制度所引起的疾病更难用法律条文来消灭的。看机器，接断头，这种活动并不需要工人运用思想，但同时又不许工人思考别的事情。因此，这并不是真正的劳动，而是纯粹的无聊，是世界上最折磨人最使人厌倦的无聊。工厂工人被判决在这种无聊中毁掉他的全部体力和智力；他的天职就是从8岁起整天整天地受无聊的折磨。此外，他没有一分钟的空闲时间：蒸汽机整天地转动着，轮子、传动皮带和锭子整天在他耳边轰隆轰隆、轧拉轧拉地响着，只要他喘一口气，拿着罚款簿的监工就会立刻在他背后出现。这样被判决活埋在工厂里，不停地注视着永不疲劳的机器，对工人说来是一种最残酷的苦刑。这种判决最能使工人身体衰弱，精神萎靡不振。要想出一个比工厂劳动更能使人愚昧的办法来的确是很难的，而如果说工厂工人仍然不仅保持了自己的理智，甚至还使它比其他的人更加发展，那只是因为他们起来反抗了自己的命运，反抗了资产阶级；这就是他们在工作时间也没有失掉的唯一的感觉和唯一的思想。如果某一工人对资产阶级的愤怒还没有成为压倒一切的感情，那他就必然要酗酒，要做出通常所谓堕落的事情。因此，正是在工厂城市里，酗酒和纵欲就没有什么可奇怪的了。

资产阶级用来束缚无产阶级的奴隶制的锁链，无论在哪里也不像在工厂制度上这样原形毕露。在这里，法律上和事实上的一切自由都不见了。工人必须在清晨5点半钟到工厂。如果迟到几分钟，那就得受罚；如果他迟到10分钟，在吃完早饭以前干脆就不放他进去，这样，他就要丧失一天工资的1/4。无论吃饭、喝水、睡觉，他都得听命令。连大小便的时间也少得不能再少了。工人从他的家里到工厂要走上半小时或一小时，厂主是根本不管的。专制的钟声经常把他从睡梦中唤走，把他从早餐和午餐中唤走。

厂主是绝对的立法者。他随心所欲地颁布工厂规则；他爱怎样就怎样修改和补充自己的法规；即使他在这个法规中加上最荒谬的东西，法官还是对工人说：

“你们是可以自己做主的，如果你们不高兴，就不必订这样的契约；但是现在你们既然自愿地订了这个契约，那你们就得履行它。”

这样，工人还得忍受这个本身就属于资产阶级的治安法官的嘲笑，忍受同一个资产阶级所制定的法律的嘲笑。工厂规则通常这样规定：（1）工厂的大门在上工10分钟后即行关闭，早餐前任何人不得入厂；在此时缺席者，按其管理的织机数目每台罚3辨士；（2）在其他时间内，动力织机上的织工如在机器转动时缺席，按其管理的机器数目每台每小时罚3辨士；在工作时间内未得监工允许擅自离开车间者也罚3辨士；（3）没有自带剪子的织工每天罚1辨士；（4）所有梭子、刷子、注油器、轮子、窗户等如有损坏，概由织工赔偿；（5）织工不在一周前预先通知厂方不得离职；厂主可以因工作不好或举动失当不经事先通知即开除任何一个工人；（6）在工作时和别人说话、唱歌或吹口哨，即罚6辨士；工作时离开现场者，也罚6辨士。我手头另外还有一份工厂规则，根据这份规则，迟到3分钟的扣一刻钟的工资，迟到20分钟的扣1/4天的工资；星期一早餐以前缺席的罚1先令，其余的日子罚6辨士，如此等等。这些工人却注定了从9岁起无论精神上或肉体上都要在棍子下面生活一直到死。

他们比美国的黑人更像奴隶，因为他们处在更严格的监视之下。尽管这样，人们还要求他们像人一样地生活、思考和感觉！的确，他们要能做到这样，那就只有切齿痛恨他们的压迫者，痛恨那种使他们陷入这种境地并把他们变成机器的制度！但是还有更可耻的事情：根据工人的普遍的陈述，许多厂主用最残酷的严厉办法向工人榨取强加在他们头上的罚款，从一无所有的无产者身上搜刮一文半文的小钱来增加自己的利润。工人在早晨到工厂的时候，常常发现工厂的钟快了一刻钟，因而大门已经关了，而拿着罚款簿的办事员却在车间里乱转，把大批没有到的工人记下来。有的工厂上班时把时钟的针拨回去，因而工作时间就比规定的时间长，但工人并没有因此多得到一点工资。有的工厂干脆就要工人多工作一刻钟。又有的工厂有一只普通的钟和一只表示机器主轴转动次数的机器钟；如果机器转动得慢，那就按照机器钟工作，直到 12 小时中应该转动的次数转足时为止；如果工作做得很好，规定的转数不到时间就转足了，那么工人还是要做满 12 小时的工作。有一个证人说，他认识几个女孩子，她们还是宁愿去做娼妓也不愿忍受这种暴虐的统治。

在其他方面，工人也是老板的奴隶。如果有钱的老板看上了工人的妻子或女儿，那他只要吩咐一下或暗示一下，她就无法抗拒。如果厂主为了保护资产阶级的利益要人在请愿书上签名，那他只要把请愿书送到自己的工厂里去就行了。如果他想把某一个人弄到议会里去，他就叫自己的所有有选举权的工人去投票，而不管工人愿意或不愿意，他们都必须投资产者的票。如果他想在公共集会中取得多数，他就比平时早放工半小时，并替工人找好靠近讲台的位子，以便很好地加以监视。

二、残酷的竞争

竞争在工业发展一开始的时候就创造了无产阶级：由于布匹的需求增加，织工的工资提高了，兼做织工的农民抛弃了农业。竞争把大规模经营方式挤掉了小农，把他们降到无产者的地位并把赶到城市里面去。竞争使相当大的一部分小资产阶级陷于破产，把他们也变为无产阶级；竞争把资本集中在少数人手里，把人口集中在大城市里面。在现代工业中获得充分发展并能使自己的一切后果无限加深的竞争，就是通过这些途径和方法创造了无产阶级并扩大了它的队伍。现在我们就来看看竞争对已经形成的无产阶级所发生的影响。

竞争最充分地反映了流行在现代市民社会中的一切人反对一切人的战争。这个为了活命、为了生存、为了一切而进行的战争，因而必要时也是你死我活的战争，不仅在社会各个阶级之间进行，而且也在这些阶级的各个成员之间进行；一个人挡着另一个人的路，因而每一个人都力图挤掉其余的人并占有他们的位置。工人彼此竞争，资产者也彼此竞争。机器织工和手工织工竞争；失业的或工资低的手工织工和其他有工作的或工资高的织工竞争，并力图把他们挤掉。工人彼此间的这种竞争对于工人来说是现代各种关系中最坏的一面；这是资产阶级对付无产阶级的最有力的武器。因此，工人竭力利用工会来消灭这种竞争，而资产阶级则疯狂地向这些工会进攻，工会每受到一次打击他们都拍手称快。

无产者是无助的，资产阶级垄断了一切生活资料。无产者所需要的一切都只能从这个资产阶级（它的垄断是受到国家政权保护的）那里得到。所以，无产者在法律上和事实上都是资产阶级的奴隶，资产阶级掌握着他们的生死大权，给他们生活资料，但是取回他们的劳动。资产阶级甚至使他们产生一种错觉，似乎他们是按照自己的意志行动的，似乎他们是作为一个自主的人自由地、不受任何强制地和资产阶级签订合同的。无产者除了接受资产阶级向他们提出的条件或者饿死、冻死、赤身露体地到森林中的野兽那里去找一个藏身之所，就再没有任何选择的余地了。而如果有这么一个无产者，竟愚蠢得宁愿饿死，也不接受资产者的条件，那又有什么关系呢，很容易找到其他的人，因为世界上无产者有的是，而且并不是所有的人都愚蠢得宁愿死而不愿活下去。无产者之间的竞争就是如此。要是所有的无产者都一致宣布，他们宁肯饿死也不给资产阶级工作，那么资产阶级就不得不放弃他们的垄断。但是并没有这样的事情，这就是资产阶级的事业到底还进行得不坏的原因。

工人之间的这种竞争只有一个限度：没有一个工人会为了少于自己生存所必需的工资而工作。即使为了资产阶级本身的利益，在这种情况下工资也必须达到一定的高度，使工人能保持这种水平。因此，给工厂工人的工钱应该够他们教育自己的子女，使他们的子女习惯于正规的劳动；但是为了使他们只能让自己的孩子成为普通的工人而不成为其他的人，工资也决不能太多，资产阶级就广泛地利用机器劳动所提供的有利条件来降低工资。

最高工资则决定于资产者之间的竞争。资产者只能靠商业或工业来扩大自己的资本，在这两方面他都需要工人。即使他把自己的资本放出去生利，他也间接地需要工人，因为，假若没有商业和工业，谁也不会付给他利息，谁也不能使用他的资本，可见资产者总是需要无产者的。无产者给资产者制造商品，资产者把它卖掉就可以赚钱。因此，当这些商品的需求增加，因而彼此竞争的工人全都有了工作，或许甚至还不大够的时候，工人间的竞争就会停止，资产者之间的竞争就开始了。寻找工人的资本家知道得很清楚，由于需求增加而日益上涨的价格可以使他获得巨大的利润。因此，他宁愿稍稍增加一些工资，也不愿放过全部利润。这样，资本家互相争夺工人，工资就上升起来。但是它也只能上升到已经增加的需求所容许的程度。资本家可以牺牲一些非常的利润，但是当他必须牺牲自己的通常的利润即平均利润的时候，他就会想办法不付那超过平均工资的工资了。

在平常的情况下，即在工人和资本家都没有理由在自己人中间展开特别激烈的竞争的时候，在现有的工人人数和制造社会需要的商品所能用的工人人数恰好相等的时候，工资就保持在比最低工资稍稍高一点的水平上。至于比最低工资高多少，那就要看工人的平均需要和文化程度如何了。产业工人的工资平均高于普通的搬运工人、短工等等的工资，特别是高于农业工人的工资。

他们竟可以像商品一样地被卖掉，像商品一样地涨价跌价。如果对工人的需求增加，他们的价格也就上涨；如果需求减少，价格也就下跌；如果对工人的需求下降，有一定数目的工人找不到买主因而“成了存货”，那么他们就只好闲着不做事，所以他们只好饿死。这种奴隶制和旧式的公开的奴隶制之间的全部差别仅仅在于现代的工人似乎是自由的，因为他不是一次就永远卖掉，而是一部分一部分地按日、按星期、按年卖掉的，因为不是一个主人把他卖给另一个主人，而是他自己不得不这样出卖自己，因为他不是某一个人的奴隶，而是整个有产阶级的奴隶。对于他，事情的本质并没有改变，这种表面的自由一方面虽然也一定会给他带来某些真正的自由，可是另一方面也有它的坏处，即没有人保障他的生计。资产阶级如果对他的工作、对他的生存不再感到兴趣，就随时可以把他赶出去，让他去饿死。可是，对资产阶级来说，现在的情况比起旧的奴隶制来却是无比的有利：他们可以随便在什么时候辞退自己的工人，同时并不因此使投下的资本受到损失，工人劳动的代价无论如何要比奴隶劳动的代价便宜得多。

工人之间的竞争一般总是胜过争夺工人的竞争的。工业和竞争的性质本身以及这种性质所造成的商业危机导致了这个矛盾。不以直接满足需要为目的而以赚钱为目的的生活资料的生产和分配的混乱制度下，当每一个人自己冒着风险去工作并使自己发财的时候，停滞现象是随时都可能发生的。例如英国供给许多国家各种各样的商品。即使某个厂主知道某种货物在每一个国家里每年要消费多少，但他究竟不知道这种商品在每一个时间内在那里有多少存货，更不知道他的竞争者往那里运去多少。他只能根据经常波动的价格对现有的存货和需要的情况做出不可靠的推测，所以他只能把自己的商品送出去碰运气。只要好消息从某个市场传来，每个人就把所有能送出去的东西都送到那里去。不久，这个市场就充满了商品，销售逐渐停止，现金收不回来，价格日益下降，英国的工业也没有什么工作给自己的工人做了。

在工业发展的初期，这种停滞现象只限于个别的工业部门或个别的市场。但是，由于竞争的集中作用，在一个工业部门中失去了工作的工人就投入另一些最容易学会工作的部门中去，而在一个市场上卖不出去的商品就转运到其他市场去；结果，个别的小危机一天天地汇合起来，逐渐形成一连串的定期重演的危机。这种危机通常是每隔 5 年在一个短短的繁荣和普遍兴旺的时期之后发生。国内市场和一切国外市场都充斥着英国货，这些东西又只能慢慢地消费。工业活动几乎在所有的部门中都逐渐停止下来。小的厂主和商人无力克服资本收不回来的困难，破产了，较大的在危机最严重的时候也停止了营业，把自己的机器停下来，或者只是“短时间地”开工，大约只做半天工作。工资由于失业者彼此竞争，由于工作时间缩短，由于出售商品不能获利而日益下降。贫穷在工人中到处蔓延开来，如果某个人还有些积蓄的话，这些积蓄也很快就花光了。慈善机关被围得水泄不通，济贫捐增加 1 倍、2 倍，可是仍然不够，挨饿的人不断地增加，数目惊人的“过剩人口”突然出现了。这样继续了一个时候：“多余的人”勉勉强强地挣扎着活下去，或者有些人挣扎不下去，死掉了；慈善事业和济贫法帮助许多人勉勉强强地延长自己的生存；其余的人在那些竞争不大显著、离开大工业较远的劳动部门中找到了工作，苟延残喘地活下去。——情况又渐渐地好转起来：积存的商品逐渐消费掉，商人和工业家的普遍的颓丧情绪使这些存货不会很快地得到补充，直到最后，高涨的价格和各方面传来的好消息又使他们重新加紧活动起来。但是市场大部分都在很远的地方。在新的商品到达那里以前，需求总是在增加，价格也随着上涨。第一批运来的货物人们都争先恐后地购买，第一批成交的买卖使市场更加活跃起来，以后运来的货物还要看涨。人们怀着这种还会涨价的希望把商品买了囤积起来，这样，本来是供消费用的商品却在最需要的时候从流通中被抽出去。投机更加抬高了市价，因为它鼓励其他的人去购买新到的商品，并把刚运到的商品从流通中夺去。这一切渐渐地传到了英国，厂主又重新开始加紧工作，开办新的工厂，尽一切力量来利用这个有利的时机。于是这里也开始了投机，它的后果也和国外市场上完全一样：物价上涨，商品从流通中被抽出去。这两件事情使生产紧张到极点，于是出现了“根基不稳的”投机家，他们运用虚拟资本，靠信贷来维持，而如果他们不能把买进的商品迅速地转卖出去，那就得宣告破产。他们大于这种普遍地漫无秩序地追逐利润的勾当，更加加强了混乱和奔忙，这种贪得无厌使他们发疯似的哄抬物价和扩大生产。一种疯狂的竞赛开始了，连最稳重最有经验的人都给迷住了。铁、纱、布匹开始大量生产，好像要把整个人类重新装备起来，好像在月球上的某个地方发现了有几十亿消费者的新市场。忽然有一天，国外的一些根基不稳的投机家由于要钱用就开始出售货物——自然是低于市场价格，因为他们是迫不及待的。一个人一卖，其他人也跟着卖，物价开始波动起来，大吃一惊的投机家们把自己的货物抛到市场上去。市场混乱起来了，信贷动摇了，商店一家跟着一家停止付款，一家跟着一家宣告破产。原来当地的和运输途中的商品已经比消费所需要的多了2倍。这个消息传到了当时还在开足马力进行生产的英国。这里的人们也惊慌起来，国外的破产引起了英国国内的破产，商业停顿又使许多商店倒闭了。这里的人们在惊恐之余也把所有的存货都抛到市场上去，这又引起了更大的惊慌。危机就这样开始了，以后它就和前一次危机大致一样地进行下去，过了一些时候又重新被一个繁荣时期所代替。事情就这样不断地继续下去，繁荣之后是危机，危机之后是繁荣，然后又是新的危机。英国工业所处的这个永久的循环，如上面已经说过的，通常是每五六年就重新开始一次。

英国工业在任何时候，除短促的最繁荣的时期外，都一定要有失业的工人后备军，以便在最活跃的几个月内有可能生产市场上所需要的大批商品。这种后备军的扩大或缩小，要看市场能使他们中间的小部分还是大部分得到工作而定。虽然在市场最活跃的时候，农业区、爱尔兰以及受普遍繁荣的影响较少的工业部门暂时也能供给工厂一定数量的工人，但是这些工人的数目到底是很少的，而且他们也同样属于后备军之列，唯一的区别只在于：正是迅速的繁荣才暴露了他们是属于这个后备军的。在这些工人转到较活跃的工业部门里面去的时候，他们原来工作的地方没有他们也行。为了稍微补一下空子，就延长工作时间，雇用妇女和少年，而当危机到来，这些工人被解雇了又回来的时候，他们发现自己的位置已经被人占据了，他们自己，至少是他们中的大部分，就成了“多余的人”。这个后备军就构成英国的“过剩人口”，它在危机时期人数激增，而在繁荣和危机之间的时期人数也相当多。

这些人“多余的人”靠行乞和偷窃，靠打扫街道、拾马粪、用手推车或毛驴运送东西、摆小摊或者靠各种零碎的偶然的工作来维持自己可怜的生活。伦敦的清道夫是世界闻名的。以前，大城市和大街都是由济贫所或市政管理机关雇用的失业者来打扫的，现在却用机器来做这种工作了，机器夺取了失业者的饭碗。在通向城市的大路上，可以看到许多人推着小车，时刻冒着被往来奔驰的轿车和公共马车车轮辗死的危险，拾取新鲜的马粪去出卖。为此，他们常常还得每星期向街道清洁管理处缴纳几个先令，而在许多地方这种营生是根本禁止的，因为要不禁止，收集起来的垃圾里面所含的马粪就会太少，不能当作肥料卖出去。这些“多余的人”当中，谁能够弄到一辆手推车去搬运东西，那他要算是幸运的，如果除小车外还弄到钱买一头毛驴，那就更幸运了。

“多余的人”大多数都去做小贩。特别是在星期六晚上，就可以看到以此为生的人是如何地多。无数的男人、女人和小孩争先恐后地叫卖鞋带、背带、带子、橘子、饼干以及各种各样的东西。就是在其余的时候，也随时都可以碰到这种叫卖橘子、饼干、姜啤酒和荨麻啤酒的小贩在街上站着或徘徊着。这些人卖的东西也有火柴以及类似的东西，如火漆、有专卖权的引火用的混合剂等等。其他的人，即所谓零工则在街头徘徊，找一些偶然的零活；其中有些人能找到一点零活，但是能碰上这种好运气的人并不多。

这些人既然找不到工作，要么起来反抗这个社会，要么去讨饭。因此，可以看到警察不断加以驱赶的大批乞丐大半都是有工作能力的男人。但是这些人的乞讨方式是特别的。他们通常是全家在街上走来走去，时而停在这里，时而停在那里，唱一支诉苦的歌或者说一段可以唤起过路人同情的话。而奇怪的是，这种乞丐几乎只是在工人区里面才会遇到，并且他们几乎专门靠工人的施舍来维持自己的生存。有时全家默默地站在某一条热闹的街上，一句话也不说，只是用自己那种穷苦无告的样子来感动人。在这里也只能指望工人的同情，因为工人根据切身的体验知道饥饿是什么滋味，而且他们自己也随时都会陷入同样的境地。实际上，这种无言的但非常动人的呼吁几乎只是在工人常去的街道上并且是在工人经过的时候才能碰到。在星期六晚上，当工人区的“秘密”完全暴露在大街上，而资产阶级尽量避开这些被玷污的地方的时候。这些“多余的人”当中谁要是有足够的勇气和愤怒来公开反抗这个社会，对资产阶级进行公开的战争以回答资产阶级对他们进行的隐蔽的战争，那他就去偷窃、抢劫、杀人。

根据济贫法委员会委员们的报告，这种“多余的人”在英格兰和威尔士平均有 150 万，而大批勉强可以活下去而没有申请救济的人并未包括在内。

所有的街上都有由于失业而饥饿的工人站着乞讨，成群结队地守在人行道旁，向过路的人请求帮助，在以他们的人数、以他们的态度和言语来威胁人，一切工业区情形都是这样。骚动时而在这里发生，时而在那里发生，工人中弥漫着可怕的愤激心情，终于在 8 月间爆发了各工厂区的总起义。当我在 1842 年 11 月底到达曼彻斯特的时候，在十字街头还到处碰到一群一群的失业者，许多工厂还关着门。在以后几个月里，直到 1843 年年中，这些不得已而徘徊街头的人才逐渐减少，工厂也重新开了工。

在这种危机时期失业者受了多少窘迫和困苦，就不用说了。济贫捐是远不够用的。阔佬们的慈善救济不过是杯水车薪，因为在乞丐很多的地方，施舍物只能帮助很少的人。假若在这种时候小商店的老板们不尽可能地赊东西给工人，假若工人们不尽量互相帮助，那么每一次危机都会使大批“多余的人”饿死。但是，因为最严重的时期毕竟不太长——一年，最多是两年或两年半，大部分人到底还能熬过艰难困苦保住生命。

三、爱尔兰移民

假若英国没有找到又多又穷的爱尔兰居民作为替工业服务的后备军，英国的工业就不可能发展得这样快。爱尔兰人在家乡没有什么可以丢掉的，而在英格兰却可以得到很多东西。自从爱尔兰人知道，在圣乔治海峡彼岸只要手上有劲就可以找到工资高的工作那时起，每年都有大批大批的爱尔兰人到英格兰来。据估计，到现在为止，这样迁移来的爱尔兰人已经在100万以上，而且每年还有近5 000人迁移过来，他们几乎全都奔向工业区，特别是大城市，并且在那里形成了居民中的最下层。这些人是在几乎一点文明也谈不到的状况下成长起来的，从小就受惯了各种各样的艰难困苦，粗野，喜欢喝酒，过一天算一天，他们迁移到英格兰来，把自己的各种粗野的习惯带给英格兰居民中对教育和道德本来就不大感到兴趣的那个阶层。

爱尔兰工人，总是随遇而安的。最恶劣的住宅在他们看来也是很好的；他们不大讲究衣着，只要能勉强地穿在身上就行；他们不知道什么叫鞋子；他们的食品是土豆，而且仅仅是土豆；他们赚的钱要是超过以上这些需要，就立刻都拿去喝了酒。一切大城市中最坏的地区住的都是爱尔兰人。无论什么地方，只要那里的某个地区特别显得肮脏和破烂，就可以预先猜到，在那里遇到的大部分将是一眼看去就是赛尔特面孔，听到的将是音调和谐的带气音的爱尔兰口音。有时候我甚至在曼彻斯特人口最稠密的地区听到爱尔兰人的话。几乎在任何地方，住地下室的那些家庭大部分都是来自爱尔兰的。

爱尔兰人发现了最低的生活需要，现在又把这个教给英格兰工人。他们也带来了肮脏和酗酒。这种不爱清洁的习惯是爱尔兰人的第二天性。它在人口不密的农村中还没有多大害处，可是在大城市中，因为人口非常密集，就足以使人颤栗并招致各种各样的危险。弥勒斯人按照老习惯，把一切废弃物和脏东西都倒在自己门口，造成了污水坑和垃圾堆，结果把整个工人区都弄脏了，空气也弄得污浊不堪。他紧靠着自己的房子就盖起猪圈来，或者他就干脆把小猪放到自己屋子里。在大城市中饲养牲畜的这种不像话的新方法，完全是爱尔兰人传来的。爱尔兰人爱自己的小猪，并在猪长得够肥的时候他就把它卖掉；而在这以前他和猪一起吃，一起睡，孩子们和猪一起玩，骑在猪背上，和猪一起在泥里打滚。这种情形在英国的一切大城市中都可以看到千百次。爱尔兰人不习惯使用家具。一捆麦秸、几件完全没法子穿的破烂衣服，这就是他的床铺。一个木墩子、一把破椅子、一只当桌子用的旧木箱，再多就不需要了。一把茶壶、几个瓦罐和破土碗，就足够把他那也当作卧室和起居室的厨房陈设起来。如果他没有生炉子的东西，他就把手边可以烧的一切——椅子、门框、飞檐、地板都送到火炉里面去。在爱尔兰，他的土房子一共只有一间屋子，一切东西都摆在里面；来到了英格兰，一家人所需要的也不多于一间屋子。因为穷人到底也应当有一点享受，而其余的一切享受社会又不容许他有，所以他就只好到小酒店里面去。烧酒是点缀爱尔兰人生活的唯一的东西，再加上他那种满不在乎的快乐的性格，这就使得他老是喝得酩酊大醉。爱尔兰人具有南方人的轻浮性格，具有几乎可以和野人相提并论的暴躁的性情，他轻视所有那些正是因为他性情粗野而享受不到的人类享乐，他既肮脏，又贫穷，——所有这一切都促成他的喝酒的嗜好，只要得到一点钱，他就把它喝光了。既然社会使他陷入几乎不可避免地要成为一个酒徒的那种境地，既然社会丝毫不关心他，注定他要变得粗野，那么，当他真正变成酒徒的时候，这个社会又怎么能够责备他呢？

英格兰工人不得不和这样的竞争者斗争，这个竞争者是处于一个文明国家可能有的最低的发展阶段上的，因而他需要的工资比其他任何人都低。所有那些不大需要或者完全不需要技能的部门都向爱尔兰人开着大门。当然，对于那些必须有多年的训练或者需要持久的、正规的活动的劳动部门，轻浮的、无耐心的、酗酒的爱尔兰人是不适合的。要当个机匠或工厂工人，他就必须先接受英格兰的文化和英格兰的习俗，即在本质上变成英格兰人。但是，凡工作比较简单、比较粗糙、需要体力甚于需要技能的地方，爱尔兰人就一点也不亚于英格兰人。因此，这些劳动部门都首先被爱尔兰人所包围。手工织工、泥瓦匠、搬运工人、小工等等中都有许多爱尔兰人，爱尔兰人的侵入在这里大大地促进了工资的降低和工人阶级状况的恶化。

即使那些侵入其他部门的爱尔兰人已经不得不接受一定程度的文化，他们仍然保存了一些旧习惯，这些旧习惯足以使那些在他们影响之下的英国同伴趋于堕落。实际上，如果注意到，几乎每一个大城市中都有1/5或1/4的工人是爱尔兰人或在爱尔兰式的肮脏环境中长大的爱尔兰人的孩子，那就会了解，为什么整个工人阶级的生活、他们的习俗、他们的才智和道德的发展、他们的整个性格，都染上了爱尔兰人的许多特征，也就会了解，为什么现代工业及其最直接的后果给英国工人造成的那种令人愤慨的状况还会更加恶化。

四、低廉的工资

工人们把用商品支付工资叫作实物工资，这种支付办法以前曾通行于全英国。厂主开一个商店，出卖各种各样的商品。而为了使工人不到别的价钱比较便宜的商店里去（因为工厂商店中的价格通常都比别的地方贵25%～30%），支付工资时不用现款，而用工厂商店的购买券。这种可耻的制度引起了公愤，因此1831年公布了实物工资法，根据这个法律，对大多数工人采用的以商品支付工资的办法被宣布为无效的、非法的，谁要这样做就处以罚款。但是这个法律也像大多数的英国法律一样，只是在个别地方具有实际效力。当然，在城市里这个法律是执行得相当认真的，但是在乡间，旧制度仍被直接间接地充分采用着。但是，厂主们还是有足够的办法强迫工人到工厂商店里而不到旁的地方去买东西。这样他们就可以在法律的保护下干自己的罪恶勾当了。

"北极星报"刊登一个工人的信，这封信里面谈到一个叫鲍威斯的厂主：这个该死的用实物支付工资的办法竟能够像在霍姆菲特这样大规模地存在，而且谁也不敢制止厂主这样胡来，真是叫人奇怪。这里，有许许多多老实的手工织工为这个该死的制度受罪。一匹价值34～36先令的料子，他只给20先令的现钱，其余的就只发给呢子或衣服，定价要比其他商人贵

40%～50%，而且这些东西还常常是已经霉烂的，可是他们要是不想饿死，就得要这些东西。要是他们要的现钱超过20先令，在领经纱时他们就得等上8天到14天；要是他们20先令再加货物，那经纱总是够他们用的。这就是他们的自由贸易。

在矿工中，实物工资制在这里常规，并且是明目张胆地实行的。这里普遍采用而且多半是由于必要才采用的小宅子制也加强了对工人的剥削。此外，资产阶级还用其他的方法欺骗工人：煤是按重量出卖的，但工人的工资多半都是按容积支付，如果他的运矿桶没有完全装满，他就一点工资也拿不到，可是装多了又一文钱也不能多得。如果运矿桶里的砂石超过了定量，那工人就不仅完全得不到工资，而且还要罚款，但砂石的多少与其说是决定于工人，不如说是决定于煤层的性质。

机器一改进，工资就降低，这也是资产阶级激烈地加以反驳的，但工人却再三地坚持这一点。资产阶级要我们相信，虽然计件工资随着生产的改进而降低了，但每周的工资一般说来与其说是降低，不如说是提高了，工人的状况与其说是变坏，不如说是改善了。要彻底搞清楚这个问题是困难的，因为工人所引的多半是计件工资下降的例子。在骡机上纺细纱的所谓精纺工确实拿到较高的工资，这是因为他们组成了一个坚强的工会来反对降低工资，同时他们的劳动也需要长期的训练。但是普通的纺工所得的工资就很低了，因为他们要和不适于纺细纱的自动纺机竞争，而且这种机器的应用又大大打击了他们的工会。一位这样的纺工告诉我，他一个星期挣的钱不超过14先令，女工和童工的工资是下降得少一些，但这只是由于一开始就不高的缘故。我认识许多女工，都是有小孩的寡妇，她们拼了命每星期也只能挣八九个先令，而每一个知道英国生活必需品的价格的人都承认，这一点钱是不够养家的。所有的工人都异口同声地断定，工资随着机器的改进而普遍降低了。但即使真的只是相对工资即计件工资降低，而绝对工资即工人一星期挣的总数并没有变动，这就是说，工人必须心平气和地看着厂主老爷们装满自己的腰包，看着他们从每一种改进中得到好处，却连极小的一份也不分给他们工人。

莱斯特的针织工人的待遇在当地所有的工人中是最坏的；他们每天工作16小时到18小时，每星期挣6先令，要费很大力气才能挣7先令。过去他们挣过20~21先令，但是大型织机的使用降低了他们的工资；大多数工人还在旧的简单的织机上工作，和改良了的机器进行着筋疲力尽的竞争。可见技术的发展每前进一步，工人的状况就倒退一步！

"晨报"在1843年12月发表了亨克莱的一个针织工人描写他的同伴的状况的几封信。他附带报道了50个家庭的情况，这些家庭共有321人，依靠109台织机为生；每台织机平均每星期收入5 $\frac{1}{6}$先令，每个家庭平均每星期挣11先令4辨士。在这里面，房钱、针织机租费、煤炭、灯火、肥皂和织针总共要用掉5先令10辨士，每人每天只剩下1 $\frac{1}{2}$辨士（15个普鲁士分尼）做伙食费，至于做衣服就一个钱也没有了。

这个针织工人写道："从来没有一个人看到过，没有一个人听到过，也没有一个人能够理解这些可怜的人们所忍受的苦难的一半。”

无论在莱斯特，在得比，或在诺定昂，工资从1833 年起就没有增加过，而最坏的是莱斯特还普遍实行实物工资制。因此，这个地方的针织工人在每次工人骚动时都非常积极地参加，那是毫不足怪的；因为针织工人多半是男人，所以他们参加运动，就显得更主动和更有力量。

在纺织工厂中，由于棉质天鹅绒的销路广，所以剪绒工的人数相当多，共达三四千人。过去用手工织机生产的商品织得不十分均匀，自从使用动力织机以来，每一行线都排得很均匀，每根线都和上一根平行，所以剪平绒毛的工作就不需要多大技巧。被机器剥夺了固定生计的工人迅速地投入了这种比较简单的工作，由于竞争，他们的工资降低了。厂主发现这种工作完全可以交给女人和小孩去做，于是工资就降低到女工和童工的水平，成百的男人就完全被挤掉。其次，厂主还发现，让工人在工厂中工作比在工人的作坊中工作要便宜得多，因为他们反正要间接地替工人付这个作坊的房租。从那时起，剪绒工失掉了自由支配时间的权利，要听从工厂里的钟声的指挥了。此外还有任意克扣工资的情形。每一个领到经纱的织工都同时领到一张卡片，上面通常写着：某日某时缴回成品，如因病不能工作，必须在3 天内通知办事处，否则即使有病也不能得到原谅；等待纬纱也不能成为获得原谅的充分理由；工作中如发生某些过失（例如在一定长度的织物上使用的纬纱超出规定等）应扣去不少于一半的工资；如果不能按期交活，每码扣 1 辨士。卡片上规定的所有这些克扣使工资大大地减少了。在过去，这类问题是由仲裁法庭来解决的，但因为坚持到这种法庭去解决的工人大部分要被解雇，以后这一惯例就逐渐消失了，如今厂主完全可以为所欲为：他又是原告，又是证人，又是法官，又是立法者，又是执行者——什么都由他一手包办。

怀孕后期的女工们在工作时间坐下来休息一会儿，就被罚款 6 辨士。因为工作不好而处以罚款的事完全是随便乱来的。商品到了仓库才进行检查，而仓库管理人甚至不把工人叫去就开了罚款单；工人直到监工付给他工资的时候才知道他已经受罚，而那时商品可能已经卖掉，至少已经拿走了。一个新的仓库管理人被解雇了，因为他罚得太少，使厂主的收入每星期少了 5 英镑。

罚款制度在煤矿里一般都是极其厉害的，有时候一个穷人做完了整整一星期的工去领工资的时候，才从监工（他高兴罚就罚，甚至不预先告知工人）那里知道不仅一个钱也领不到，甚至还必须缴多少多少罚款！监工处理工资通常都是独断独行的；他把工人做的工作登记下来，可以随意付给工人一些工资，而工人还必须相信他的话。在某些按重量计算工资的矿里，使用的台秤也不准确。在许多地区，还有以一年为期的雇工，工人在这一年内除了自己的雇主外不能给任何人做工。这样一来，他们就常常整月地没有工做，而如果他们想要到其他的地方去找工作，那就会得到一个擅离职守的罪名，被送到监牢里去待 6

个星期。在某些地区，矿主借给工人一笔不大的款子，让他们以后用劳力来偿还，这样就把他们紧紧地束缚在自己身边了。在北方还有一种惯例，就是经常扣压一个星期的工资不发，以便把矿工束缚在矿上。几乎煤矿区里所有的治安法官本身不是矿主，就是矿主的亲戚朋友。不难想象，这些为自己的利益执掌着司法大权的治安法官会怎样剥削和折磨不幸的煤矿工人。

五、济贫法的修改

资产阶级对无产阶级的最公开的宣战是马尔萨斯的人口论和由此产生的新济贫法。马尔萨斯人口论的主要结论是：地球上永远有过剩人口，所以永远充满着穷困、匮乏和不道德；世界上的人数过多，这是人类的宿命，因此人们就分为不同的阶级，有些比较富裕、受过教育和有道德，而另一些则比较穷困、不幸、愚昧和不道德。马尔萨斯由此就得出下面这个实践上的结论：慈善事业和济贫金实在是毫无意义的，因为它们只会维持“过剩人口”的存在，并鼓励他们繁殖，而其余的人的工资也因他们的竞争而降低了。因此，问题决不在于去养活“过剩人口”，而在于采用某种办法尽可能地缩减过剩人口的数目。马尔萨斯干脆宣布，以往公认的每个生在世界上的人都有权获得生活资料的说法是完全荒谬的。这一理论现在已成为英国一切真正的资产者心爱的理论。这就必须使“过剩人口”心甘情愿饿死。尽管资产阶级已经费尽心机，使工人们相信自己没有用处，然而到目前为止还没有成功的希望。无产者却坚决相信，他们有勤劳的双手，他们正是必不可少的人，而资本家才真正是多余的。

但是，政权还在富人手里，所以无产者不得不听凭法律宣布他们是真正“多余的”，即使他们自己并不愿意承认这一点。新济贫法所做的正是这件事。1833 年，当资产阶级由于选举改革取得政权而农业区的贫困又达到顶点的时候，他们就立刻着手以自己的观点来修改济贫法。他们任命了一个委员会来调查济贫所的工作，委员会得出这样的结论：这个制度养活了失业工人，帮助了工资低和孩子多的人，使私生子的父亲抚养自己的孩子，并一般地承认穷人有被保护的权利；这个制度使国家破产。1834 年议会通过了新的济贫法，它一直到今天还有效。一切金钱的或实物的救济都取消了；只承认一种救济方式——把穷人收容到已经在各处迅速建立起来的习艺所里去。

这些习艺所，或者如人民所称呼的“穷人的巴士底狱”的规则，足以吓退每一个还有一点希望可以不靠这种社会慈善事业过活的人。为了使穷人只是在万不得已的时候才去请求救济，为了使他在请求以前想尽一切办法，马尔萨斯的信徒们把习艺所变成一个令人望而生畏的地方。那里的伙食比最穷的工人吃的还要坏，而工作却更繁重；否则工人就情愿住习艺所，而不愿在外面过那种可怜的生活了。住习艺所的人很少见到肉，特别是鲜肉；吃的多半是土豆、最坏的面包和燕麦粥，啤酒很少，或者根本没有。甚至监狱里一般的伙食也比这里好，因此，住习艺所的人为了能够进监狱，就常常故意犯一点罪。而实际上习艺所也就是监狱。

不做完分内的工作就不能吃饭；想进城得事先请假，但准与不准要看他的品行或者管理人对他的意见；抽烟是禁止的；即使在所外也不准接受亲戚朋友馈送的东西。这些穷人穿着习艺所的制服，完全听管理人的摆布。为了使他们的劳动不致同私人工业竞争，分配给他们的工作多半是没有用处的；男人砸石子；女人、小孩和老头拆开旧船索。为了使“多余的人”不能繁殖，为了使“德行败坏的”父母不致影响自己的孩子，家庭被拆散了：丈夫、妻子、孩子分别被安置在各幢房子里。为了使这些巴士底狱中的贫穷传染病完全和外界隔绝，只有在主管人的监视或许可下才能和外面的人接触。

按法律规定，食物应当是卫生的，待遇应当是人道的。法律条文对住在习艺所里的人的待遇所作的规定，是和它的全部精神相抵触的。既然法律在实质上是把穷人当作犯人，把习艺所当作惩治犯人的监狱，把住习艺所的人当作法律以外的人，所以任何与此相反的命令都无济于事。我在这里举几个例子。

1843 年夏天，在格林威治的习艺所里有一个 5 岁的男孩由于某种过失而被关在停尸房中，整整关了 3 夜，晚上他只好睡在棺材盖上。在海恩的习艺所里，有一个小女孩因为夜里尿床也受到同样的惩罚。这种惩罚方法在这里显然是经常采用的。

1843 年 11 月，莱斯特有一个人刚从考文垂的习艺所里放出来两天就死掉了。他叫乔治·罗伯逊，他的肩部受了伤，但根本没有得到治疗。习艺所要他去压抽水机，他只好用那只健康的手来压。他吃的是习艺所里的普通伙食，由于伤口得不到护理而引起身体虚弱，所以他根本消化不了这种食物。他愈诉苦，受到的待遇就愈坏。他的妻子也住在习艺所里，她想把自己的一小份啤酒让给丈夫，竟挨了一顿骂，并且被迫当着女管理人的面把它喝光。罗伯逊病了，但是就在这个时候对他的待遇也没有好一些。最后，根据他的请求，他们夫妇俩一起被放出来了，他离开习艺所时还挨了一顿臭骂。过了两天，罗伯逊就在莱斯特死掉了。据验尸的医生证明，他是因伤口未得到护理和身体衰弱无法消化食物而致死的。当他离开习艺所的时候，才交给他几封 6 个星期前的附有汇款的信。

在伯明翰的习艺所中，有 4 个流浪汉被剥光了衣服关在楼梯下面的禁闭室里；他们在这里已经被拘留了 8 天到 10 天，他们常常挨饿，每天在午前吃不到一点东西，而且又是在最冷的季节里。有一个小男孩坐过这个习艺所里的各种各样的禁闭：先是被关在一间又潮湿又狭小的拱形的储藏室里，后来有两次被关在禁闭室里，第二次被关了三天三夜；以后又在更糟糕的旧禁闭室里关了同样长的时间，最后竟被送到流浪的失业者特别禁闭室去，这是一个放着木板床的、又脏又臭的洞穴，这位官员去调查的时候，还发现两个穿得破破烂烂、冻得缩成一团的男孩子，他们在那里已经有 4 天了。坐禁闭室的人数常常多到 7 个，而关在流浪的失业者禁闭室里的则往往有 20 人之多。女人也经常因拒绝上教堂而被罚坐禁闭室。还有一个女人虽然神志很清醒，却受到了送进疯人院的惩罚。在伦敦的拜特纳－格林的习艺所里，所方不让一个怀孕6个月的女人到习艺所的房子里去住，从1844年2月28日到3月20日一直把她和她的不满两岁的孩子锁在会客室里，里面既没有床，也没有地方大小便。

对待死人也并不比对待活人好些。穷人死了就像埋死牲畜一样草草了事。在伦敦，埋葬穷人的圣布莱德斯公墓是一块光秃秃的泥泞地，它从查理二世以来就被用作墓地，里面到处是一堆堆的白骨。每到星期三，一星期内死掉的穷人都被抛到一个14英尺深的坑里，神甫匆忙地祈祷，人们在坑上松松地盖上一层土，以便下星期三重新挖开，再往里面扔新的尸体，一直到坑满得不能再填的时候为止。

穷人们拒绝在这样的条件下接受社会救济，他们宁愿饿死也不愿到这些巴士底狱里去，济贫法委员会完全达到了自己的目的。但同时，习艺所的建立更激起了无产阶级对有产阶级的强烈的仇恨，在这个法律中，资产阶级清楚地表明了他们是怎样理解对无产阶级的义务的。过去从来没有人这样露骨、无耻地宣布过：没有财产的人活在世上只是为了供有产者剥削，并在有产者不需要他们的时候便去饿死。正因为如此，新济贫法大大地促进了工人运动的发展，特别是促进了宪章运动的扩展；而且因为这个法律在农村中应用得最广，所以它又将便利无产阶级运动在农村地区的发展。

这就是英国工人阶级的状况，这种状况是我在21个月的时间内通过亲身观察并根据官方的和其他可靠的报告加以研究过的。如果我肯定这种状况恶劣得不能忍受，那么这也不是我一个人的看法。1833 年盖斯克尔就宣称他对和平的结局已经绝望，革命未必能够避免。1838 年卡莱尔已经用工人的贫困的生活条件来解释宪章主义和工人的革命情绪。

第五章　英国农业无产阶级的形成及其抗争

第一节　农民的破产及抗争

由于以前存在过的工业劳动和农业劳动的结合已经解体，空出来的小块土地集中到大佃农手里，小农被占优势的大农的竞争所排挤，他们也破产了。

一、农民的悲惨生活

小农不再像过去那样自己就是土地所有者或佃农，他们被迫抛弃了自己的耕作，到大佃农和大地主那里去当雇农。后来工业发展有些缓慢了，机器的不断改进已经不容许工业全部吸收来自农业区的过剩的劳动人口。从这时起，贫困现象在农业区出现了。此外，历时25年的对法战争差不多也是在这个时候结束了。在战争期间，战区生产缩减、输入停止以及必须用粮食供应在西班牙的不列颠军队，引起了英国农业的人为的繁荣，此外，大批劳动力还脱离了和平的劳动。而现在，这些都不存在了，结果就是英国人所说的农业灾难。农场主不得不以很低廉的价格出售自己的粮食，因而他们也只能支付很低的工资。为了提高粮价，议会在1815年通过了谷物法，后来这部法律经过了多次的改变，但是这并没有减轻农业区的贫困。唯一的结果就是，这个在外国的自由竞争存在时已经危在旦夕的急病现在变成了慢性病，它均衡地但更严重地危害着农业工人。

在农业无产阶级出现后的初期，在这里曾建立了类似工业中刚被摧毁了的宗法关系。现在农场主摧毁了这种宗法关系，把雇农从农场主的庄园里赶出去，使他们变成短工。结果，从前处于潜伏状态的“过剩”人口，现在释放出来了，工资降低了，济贫捐也大大地增加了。从这时起，农业区成了慢性贫穷的发源地，而工厂区则成了周期贫穷的发源地，修改济贫法是政府对乡村日益贫困化所采取的第一个措施。此外，由于大农场制度的不断发展引起了脱谷机和其他机器的应用，由于田间工作中采用妇女和儿童的劳动，所以这个部门里也出现了大批的失业工人。工业生产的制度也侵入到这里了：建立了大农场，摧毁了宗法关系，采用了机器、蒸汽发动机以及妇女和儿童的劳动，把劳动人民中这个还没有被触动的最保守的部分也卷到革命运动中来了。但是农业中的停滞现象维持得愈长久，工人现在身受的打击就愈沉重，旧的社会结构的解体在这里也表现得愈明显。“过剩人口”是一下子出现的，而且不能像在工业区里面那样用扩大生产的办法来吸收他们，因为新的土地是创造不出来的，而耕种公共的荒地又是冒险的投资，所以战后开垦荒地的投资很少。这些变化所引起的必然的结果，就是工人彼此间的竞争达到了最高峰，而工资则降到最低限度。当旧的济贫法存在的时候，工人们还可以从济贫金中得到一点救济；因此，工资就更加下降，因为农场主尽可能把更多的开支转移到济贫金上面去了。这使得随着过剩人口的出现本来已经大为增加的济贫捐更加增多，并促使新济贫法的出现。但是情况并没有因为有了新的济贫法而有所改善。工资没有提高，“多余的”人口没有消失，新法律的残酷只是激起了人民的极端愤怒。新法律的唯一结果就是：以前总共有300万~400万半赤贫者，现在却有100万完全的赤贫者，其余的仍然是半赤贫者，但已经得不到任何救济了。农业区的贫困每年都在加剧。人们过着极端贫困的生活，整家整户的人每星期就靠六七个或七八个先令过活，有时候连这一点钱也没有。

除这类农业短工外，还有另一类较强悍的而且在体力、智力和道德方面都比较发展的人；这些人虽然也过着同样穷困的生活，但他们不是在这种环境里出生的。他们比较关心家庭，但他们是走私者和盗猎者，常常同森林看守者和海岸警备队发生流血冲突，由于常常坐牢，他们更加残酷无情地反对社会，他们对有产者的仇恨也不亚于第一类人。

1844年6月，“泰晤士报”派了一个记者到这些地方去调查这类人的状况，某些地区每星期的工资不超过6先令；他们的食物又坏又少，衣服破破烂烂，住所狭窄简陋，只是一间没有任何设备的可怜的小茅屋；年轻人住的是男人和女人几乎一点也不隔离的夜店，这就引起了混乱的性关系。一个月中只要有几天没有工作，这些人就会陷到贫穷的深渊里去。而且由于他们住得分散，所以不能联合起来成立工会争取提高工资；如果有一个人因为工资过低而拒绝工作，那就会有几十个失业者和习艺所里出来的人来填补他的位置，即使是最微薄的工资，这些人也是乐于接受的，而拒绝工作的人就被认为是懒汉、二流子，他除了被送到那个可恨的习艺所去，不会从济贫所得到任何救济。这并不是关于英国的某一个农业区的偶然的报道，在哪贫穷都同样严重。

对付农业无产阶级的一种特别残酷的办法是狩猎法，这种法律在任何地方也不像在英国这样严厉，虽然英国的飞禽走兽要多少有多少。按照英国农民由来已久的习惯和传统，盗猎是勇敢无畏的一种十分自然而高尚的表现，贵族们恣意在林园里养了很多兔子和野禽供自己娱乐。一贫如洗的农民布下套索，有时候也用枪打死只把飞禽走兽，这对贵族根本不会有什么损失，因为飞禽走兽很多，但农民却给他的挨饿的一家人弄到了一顿烤肉吃。他要是被抓住，就得坐牢，如果再犯，就至少要被流放7年。由于惩罚这样严厉，就常常发生盗猎者和森林看守者的流血冲突，结果每年都发生许多起杀人事件。

二、初期社会战争

但是，尽管农民住处分散、环境安定、职业固定，因而思想也就保守，贫穷和匮乏还是在这里产生了自己的结果。

农民还处在直接反抗阶段，他们进行社会战争的惯用的手段就是纵火。

七月革命后，即1830—1831年的冬季，纵火第一次成为普遍的现象。还在10月初，在萨塞克斯及其邻近的几个郡里，由于海岸警备队的加强（这样做使走私困难），由于新的济贫法的通过，由于工资低和使用机器，就已经发生了骚动并且扩展到全区。冬天，农场主场地上的粮食堆、干草堆，甚至他们住宅近旁的谷仓和畜圈都被烧毁了。几乎每夜都有几次这样的大火，这使得农场主和土地占有者惶惶不安，可是罪犯几乎从来没有抓到过。人们绞尽脑汁地去想究竟是什么引起了农村贫民的这种叛逆精神，至于那种伟大的动力——贫困、压迫，却很少有人想到，而在农业区确实没有一个人想到。从那时起，每年一到冬天，即短工失业的季节，都一再发生纵火事件。1843—1844年的冬天，纵火事件异常频繁。

社会战争已经爆发了，但是这里的农场主和土地所有者非常愚蠢而保守，他们看不到不能给自己带来现金的一切东西。资产者向自己的工人说，如果废除谷物法，他将给他们各种好处，而土地所有者和大部分农场主则向工人们说，如果保存这些法律，他将使他们得到人间天堂。但是在这两种情况下，有产者都无法争取工人来支持他们一心想实现的幻想。无论工厂工人或农业工人对谷物法的废除或保存都是漠不关心的，然而这个问题对于他们都很重要。谷物法一旦被废除，自由竞争，现代社会经济制度就会发展到极端；谷物法废除后，在现存关系的范围内，进一步发展的任何可能性都将消失，而唯一可能的进步就是社会制度的根本变革。对于农业工人来说，下述的理由使这个问题显得更为重要。粮食的自由输入决定了农场主不再依赖于土地占有者，就是托利党的农场主变成了自由党的农场主。但是，如果农场主变为自由党人，即自觉的资产者，那么他们的工人就会变为宪章主义者和社会主义者，即自觉的无产者。目前在农业无产者中已开始出现了新的运动。工人对这些法律非常冷淡，但是他们提出了完全不同的要求，譬如说要求以低廉的租金出租小块土地。这样，工人阶级的运动就深入到偏僻、保守、精神上陷入酣睡状态的农业区去了，而且由于这些地方普遍穷困，运动就像在工厂区那样，很快扎下了根并且活跃起来。

第二节　小佃农的破产及抗争

英格兰的农民向我们表明大土地所有制条件下的人数众多的农业无产阶级在农业区里引起的后果，而在威尔士我们却看到了小佃农的破产。

一、破产及抗争

在英格兰的农村教区里重演着无产者和大资本家之间的对抗，而威尔士农民却遭遇了破产。威尔士的农民多半只是小佃农，他们不能像条件比较好的英格兰大农场主那样合算而便宜地出卖自己的农产品，但是他们却不得不在同一市场上和这些大农场主竞争。同时许多地方的土壤只适宜于收入很少的畜牧业，而威尔士的农民又很保守。首先是他们相互间的竞争、他们和英格兰邻居的竞争以及这个竞争所引起的地租的提高，使他们破产到几乎不能维持生活的程度，而由于他们看不出自己的状况恶劣的真正原因，他们就把这种原因归之于各种各样的小事情，例如高额的通行税等。当然，高额的通行税也妨碍农业和贸易的发展，但是由于每一个承租土地的人都把这些税算到固定的开支里面去，所以归根到底这些税还是由土地占有者负担的。此外，佃农们也都极端憎恨新的济贫法，因为他们本身经常有受它支配的危险。

1843 年 2 月，威尔士农民日积月累的不满情绪在有名的“利碧嘉骚动”中爆发出来了。许多男人穿上女人的衣服，涂黑了脸，结成几个武装大队，袭击了那些在英国用来代替关卡拦路杆的大门，在响亮的欢呼声和射击声中捣毁了这些大门，还打坏了通行税征收人的小房子，以神秘的“利碧嘉”的名义写恐吓信，有一次甚至还袭击了卡马登的习艺所。后来，当调来了军队并且加强了警察时，农民们便异常巧妙地把他们引入迷途，当军队被四面山岗止传来的号角声引诱着向相反的方向推进的时候，农民们便打坏了这里的大门。当军队增加得太多的时候，他们就开始放火，甚至杀死个别的人。像往常一样，这些较大的犯法行为就是运动的尾声。然而农民的贫困还是没有终止，而且，因为在现存的社会关系下这种贫困只会加剧，不会减弱，总有一天会引起比这个幽默的利碧嘉化装跳舞会更加严重的事件。

二、爱尔兰的农民

我们在英格兰看到了大农场制度的结果，在威尔士看到了小租佃制的结果，而在爱尔兰我们就会看到土地分散的后果。爱尔兰的居民极大多数是小佃农，他们租了一间孤零零的简陋不堪的小土房和一小块种土豆的地，这块地也只能勉强保证他们在冬季里有最必需的食物。由于这些小佃农之间存在着剧烈的竞争，地租达到了闻所未闻的高度。每一个打短工的农业工人都想成为佃农，因此，尽管土地本来已经分散得很厉害，却仍然有很多短工想租到一小块土地。虽然大不列颠的耕地有3 200万英亩，而爱尔兰只有1 400万英亩，虽然大不列颠每年出产15 000万英镑的农产品，而爱尔兰只出产3 600万英镑的农产品，但是，爱尔兰的农业工人却比大不列颠多75 000人。这已经表明，在爱尔兰为了土地而进行的竞争是多么剧烈。竞争的后果自然是地租提高，使佃农的生活并不比短工的生活好多少，爱尔兰人民就被束缚在令人难以忍受和摆脱的贫困中。这些人住在连用来关牲畜都不太适合的简陋的小土屋里，只有勉强能够维持一个冬天的食粮；他们一年里有30个星期可以靠土豆吃个半饱，而在其余的22个星期中就什么也没有了。到了春天，当储存的土豆已经吃完或者发了芽不能再吃的时候，妻子就带着孩子，提着小锅出门讨饭；家里的男人把土豆种下以后，就到附近的地方或英格兰去找工作，到收获的时候才又回来和家庭相聚。9/10的爱尔兰乡村居民就是这样过日子的。这些人穷得像教堂里的老鼠一样，穿着破烂不堪的衣服，停留在只有半文明的国家里才可能有的最低的发展水平上。

三、贫困的根源

这种贫穷的原因就在于现代的社会关系，特别是竞争，只是竞争在这里采取了另一种形式，即土地分散的形式而已。

有人曾企图找出别的原因来，他们断定贫穷的原因是佃农和土地占有者之间存在着一种特殊的关系，土地占有者把大块的土地租给大佃农，大佃农把这些土地分成小块租给其他的佃农，这些佃农再把这些土地出租给第三者，如此等等，在土地占有者和那些实际耕种土地的人之间，有时候甚至有10层中间人夹在里面。有人认为贫穷的原因是那个实在可耻的法律，根据这个法律，直接向土地占有者租地的人不缴地租时，土地占有者有权把实际的耕种者从土地上赶走。但是这一切都只决定贫穷表现的形式而已。也有人说，这种贫穷应归咎于英格兰人对爱尔兰人民的无耻的压迫。固然这种压迫能加速贫穷的到来，但它并不是贫穷到来的原因。还有人指出，贫穷的原因是强加于一个天主教民族的属于新教的国教教会。类似这些很少能说明问题的解释，还可以举出几百种来。

这样，我们已经通过不列颠岛屿上无产阶级活动的各个部门，观察了他们的状况，并到处发现贫穷、困苦和完全不是人所应有的生活条件。我们看到，不满情绪如何随着无产阶级本身的成长而产生和增长，看到这种不满情绪如何扩大起来并具有了组织形式；我们也看到无产阶级为了反对资产阶级而进行的流血的和不流血的公开斗争。我们研究了决定无产者的命运、希望和忧虑的根源，并且发现他们的状况没有任何改善的希望。我们有机会在许多实例中观察了资产阶级对待无产阶级的态度，并确信资产阶级所关心的只是自己，只是自己的私利。

在 18 世纪中叶，英国的谷物几乎每年都有输出，而很少需要从国外输入。可是从那时起，情况就发生了很大的变化。一方面，由于当时的条件，谷物价格必然低廉，另一方面，由于肉类价格昂贵，许多耕地变成了牧场；同时，具有重大意义的机器发明，正在这个时期推动了工业空前未有的发展，而人口也有了空前未有的增加。于是，英国不得不首先取消粮食输出，最后甚至要求从国外输入粮食。由于革命时期 25 年的对法战争，输入发生困难，迫使英国用粮多少局限于本国所生产的。战争所造成的输入困难起了保护关税的作用。谷物价格上涨了，在大多数情况下地租也就增加到以前的两倍，在个别情况下，甚至增加到以前的5倍。因此，不久前变成牧场的大部分土地，又重新种植谷物了。英国土地占有者（顺便说说，他们包括几百个勋爵、6万个左右从男爵和出身于非贵族的乡绅）的收入大大增加，于是他们追求起豪华奢侈挥霍无度的生活来，这样，即使他们地租有所增加，也很快就入不敷出。不久他们的庄园就为重债所累。1814年的和平清除了输入上的障碍，因而粮价下跌，由于租金过高，租佃者的收入已不足抵偿粮食的生产费用；当时出路只有两条：或是土地占有者降低地租，或是实行真正的保护关税来代替过去实际上起了保护关税作用的东西。土地占有者，他们不仅在上院和内阁里占着优势，同时在下院也几乎有绝对的权力（在改革法案实施以前），他们当然选择后者，于是不顾资产阶级以及当时还受资产阶级领导的人民的激愤，于1815年借助刺刀实行了谷物法。

1815年的第一个谷物法规定，在英国粮价每夸特（夸特是英国的重量单位，约合12.7千克。）低于80先令时，绝对禁止粮食进口。只有在达到这种价格或超出这一价格的情况下，才许可从国外自由输入粮食。然而，这个法律不仅不符合工业居民的利益，而且也不符合农业居民的利益，于是在1822年又做了若干修改。但是，这次修改是没有实际意义的，因为近几年来粮价总是低廉，从来没有到过许可从国外输入粮食的水平。虽然历次修改法律，议会又屡次组织委员会进行调查，租佃者仍然不能补偿自己的生产费用，于是哈斯基森和坎宁终于发明了著名的调节制，这一制度后来被他们的内阁继任者订为法律。依据这一调节制，进口税随着国内粮价下跌而提高，随着粮价上涨而降低。以为用这种方法就能保证英国租佃者获得一个高昂而固定的粮价，使他可以毫不费力地支付高额地租。然而，这一措施也没有起什么作用。这一制度日益使人不堪容忍，从实施改革法案以来，在下院占统治地位的资产阶级更加坚决地反对谷物法了，于是罗伯特·皮尔爵士在组阁一年以后，就不得不降低关税。

反对谷物法的反对党也组织了自己的力量。由于粮食腾贵而不得不给工人支付较高工资的工业资产阶级，不惜任何代价力图废除这些它所痛恨的法律——代表农业利益的旧统治（而且这种统治使其他国家易于同英国工业进行竞争）的最后遗迹。1838 年底，曼彻斯特的几个大厂主创立了一个反谷物法协会；这个协会的势力在曼彻斯特近郊和其他工业地区迅速扩展开来；反谷物法协会后来称为反谷物法同盟，它组织募捐，创办杂志（《反谷物税通报》)，并出资派遣演说家到各地去，利用一切英国惯用的鼓动手段来达到自己的目的。反谷物法同盟成立的最初几年里（这正好是处于萧条状态的那四年)，其言论是极端激烈的。当 1842 年初萧条变为真正的商业危机而使全国工人阶级陷于可怕的贫困时，反谷物法同盟就成为真正革命的同盟了。它的口号就是耶利米的格言：“饿死的，不如被刀杀的”；它的机关刊物明确地号召人民去造反，并以“长枪和火把”威胁土地占有者。它的巡回鼓动家们走遍了全国各地，到处宣传鼓动，他们所用的语言，比之他们的机关刊物也并无逊色。群众大会一个接着一个召开，递交议会的请愿书一份接着一份散发，而且正当议会开会的时候，同盟也就在紧靠议会大厦的隔壁同时召开代表大会。当皮尔不顾所有这一切，对谷物法只作修改而拒绝废除时，这个代表大会就声明说：

“人民对政府再也没有什么可指望的了；他们应当只靠自己；必须刻不容缓地立即停止政府机器车轮的转动；使用言语的时刻已经过去，行动的时刻已经到来；应该相信人民不愿再为穷奢极欲的贵族而活活饿死，如果这一切都不行，还有一个能够迫使政府让步的办法：必须（全国大工业城市的大厂主和市政官吏的这个代表大会就是这样声明的）把人民派遣到产生各种贫困的农业区去；但是人民不应该像一群温顺的‘贫民’似的而要像‘去仇敌那里扎营’似的开进去。”

厂主们想采取一种巨大措施，于24小时内就在曼彻斯特赛马场召开一次50万人的集会并发动一次反谷物法的起义；这就是关闭他们的工厂。

七月里情况开始好转。定货数量增加了，厂主们发觉危机即将结束。但是人民仍然愤愤不平，贫困现象到处都是；既然反正总要出事，那就应该马上行动。一个斯泰里布雷芝的厂主当情况已经好转而本应提高工资的时候，反而突然降低了工人的工资，这便迫使他们不得不停止工作以求把工资保持在从前的水平上。于是这件事便成为工人起义的信号，工人使城内和近郊的全部工厂停了工，他们轻而易举地做到了这一点，因为厂主（全部是反谷物法同盟的盟员）一反往常，并没有加以任何阻挠。工人召集会议；会上厂主亲自担任主席，他们企图把工人的注意力转到谷物法上。1842年8月9日，即起义后4天，工人进入了曼彻斯特，在那里他们没有遇到任何反抗就使全部工厂停了工。反对他们的只有一个厂主，他是保守党人，是同盟的敌人。起义扩展到了所有工业区；市政当局（大家知道，在英国，一切诸如此类的事情都由市政当局决定）全是反谷物法同盟的盟员，他们那里也没有反对起义者。这期间，同盟的活动家一直是为所欲为的。但是有一点他们是失算了。他们为了要用强力废除谷物法而把人民拖到起义中去，可是人民却很少想到这些谷物法。人民所要求的是1840年水平的工资和实现人民宪章。同盟发觉这一点以后，就立即调转武器来反对自己的同盟者。同盟的全体成员都报名当了特别警察，他们宣了誓，组织了一支镇压起义的新军队——一支为他们所敌视的政府服务的军队。人民的起义很快就遭到了失败（这次起义突然爆发是出于人民意外的，因为人民根本就没有准备进行这样的起义）；谷物法依旧保存了下来，于是无论资产阶级或人民又都受了一次教训。

反谷物法同盟为了用事实证明它并没有因起义失败而被彻底打垮，于1843年又掀起一个巨大运动，号召盟员募集5万英镑；在一年内，同盟就超额地募集到这笔款项。同盟重新开始了鼓动，但不久就不得不去寻找新的听众。它总是吹嘘，从1843年起，在工业区已无事可做，可以把自己的活动转向农业区了。但是症结却正在于此。1842年起义以后，曾经被无耻地出卖过的人民愤慨万分，那时同盟的代表人物已无法在工业区召开公开会议，否则就会被人民打得头破血流，狼狈地赶下讲台。因此，他们为了替自己的那一套言论找市场，就不得不到农业区去。这里同盟是有某些实际功绩的，它使租佃者因以前依附土地占有者而产生了一种特有的羞愧情感，并使农业阶级成为关心整体利益的阶级。1844 年，同盟在前次募捐获得成就的鼓舞下，宣称将开展一次总额为 10 万英镑的新的募捐。第二天，曼彻斯特的厂主曾聚集一堂，半小时内就认捐了12 000英镑，1844 年 11 月认捐总额达 82 000英镑，其中57 000英镑已经付款。几个月以后，展览会在伦敦开幕了，它也会使同盟有一笔巨额的收入。

这一巨大的运动从曼彻斯特扩展到整个英国，吸引了英国极大多数资产阶级，但是（我们再说一遍）丝毫也没有引起工人阶级的同情；如果我们问一下：这个运动的动因是什么，那我们就应该承认，首先是大不列颠工商业资产阶级的私利。对这个阶级说来，有巨大意义的是建立一种制度，以便至少像它所想象的那样，在工商业方面保有永久的世界垄断，能和竞争者一样支付低薪，同时还能利用 80 年来英国因现代工业居于首位而取得的一切优势。在这里因废除谷物法而获益的只是资产阶级，而不是人民。其次，资产阶级还要求把这一措施作为改革法案的补充法。改革法案规定采用选举资格，废除对某些个人和团体旧有的选举特权，这在原则上应该使资产者富豪阶级掌握政权；但在实际上，土地占有者阶级在议会中还保存着相当大的优势，他们派到议会去的代表直接的有各郡产生的 143 人，间接的有小城市产生的几乎所有代表，此外，大城市的托利党人代表也是代表他们的。农业利益的这种优势，使皮尔在 1841 年建立了托利党人的内阁。废除谷物法会给下院大土地占有者的政治势力以致命打击，换句话说，实际上会给全部英国法律以致命打击，使租佃者不再依附土地占有者而独立。废除谷物法意味着宣布资本为英国的最高权力；而英国宪法就会根本动摇；立法集团的主要组成部分，即土地贵族的一切财富和一切权力就会被剥夺，因此，废除谷物法对英国前途的影响远远大于任何其他政治措施。但是我们仍然认为，废除谷物法在这一方面也并不会给人民带来任何利益。

第六章 无产阶级与资产阶级的斗争

第一节 无产阶级与资产阶级的对立

一、工人和资本家的对立

工业的迅速发展产生了对人手的需要；工资提高了使工人成群结队地从农业地区涌入城市。人口快速增长，而且差不多全是工人阶级。大不列颠的巨大的工商业城市就是这样产生的，这些城市中至少有3/4的人口属于工人阶级，而小资产阶级只是一些小商人和人数很少的手工业者。可是新生的工业能够这样成长起来，只是因为它用机器代替了手工工具，用工厂代替了作坊，从而把中等阶级中的劳动分子变成工人无产者，把从前的大商人变成了厂主；它排挤了小资产阶级，并把居民间的一切差别化为工人和资本家之间的对立。

大资本家和工人代替了以前的师傅和帮工；手工业变成了工厂生产，严格地实行了分工，小的师傅由于没有可能和大企业竞争，也被挤到无产阶级的队伍中去了。但同时，随着从前的手工业生产的被消灭，随着小资产阶级的消失，工人也没有任何可能成为资产者了。所以，只是在现在无产阶级才能组织自己的独立运动。

二、工人阶级的处境

无产者除了自己的两只手就什么也没有，昨天挣的今天就吃掉，受各种各样的偶然事件的支配，没有任何保证使自己能够获得最必要的生活必需品，——任何危机，主人的任何逞性都能使他失业，——这个无产者已经被置于人们所能想象的最令人愤怒的非人的地位了。奴隶的生存至少会因为他主人的私利而得到保证，农奴也还有一块用来养活他的土地，二者都至少还有不致于饿死的保障；而无产者却只有指靠自己，同时，人们又不许他把自己的力量变为完全可以指靠的力量。无产者为了改善自己的状况所能做的一切，在那些支配着他而他丝毫不能控制的偶然事件的长河中，不过是一滴而已。他是一个处在各种各样错综复杂的情况下的没有自由意志的物件，只要能够在若干时期内勉强活下去，就算幸运了。不言而喻，他的性格和生活方式就是由这些偶然情况决定的。他必须尽力设法不陷到这个漩涡底下去，设法挽救自己的人类的尊严，他要做到这一点，只有起来反抗资产阶级，反抗那个如此无情地剥削他、然后又听凭命运去摆布他并想使他永远处于这种非人地位的阶级，否则他就只好承认自己无法摆脱自己所处的境遇，于是也就不再做这种打算，而只是力图尽可能地利用有利时机去占些便宜就算了。

储蓄对他是一点用处也没有的，因为他能够储蓄起来的，最多也只能维持他几个星期的生活，而他一失业，就不会仅仅是几个星期的事。他不能长久地保有财产，假使他可能这样做，他就不再是工人了，另外会有人来补他的缺。这样，在他得到较多的工资的时候，他也需要好好地生活一下，这是使英国资产者莫名其妙而且极为恼怒的。要知道，如果储蓄对人们并没有什么好处，最后也要被资产阶级所吞没，那么，他们享受一下而不去储蓄，也是自然合理的。但是这种生活方式比别的任何生活都更使人堕落。卡莱尔关于棉纺工人所说的话，也适用于英国的一切产业工人：

“他们的生意永远像赌博一样，今天还很兴隆，明天就完蛋；他们的生活也很像赌徒，今天奢侈豪华，明天就忍饥挨饿。阴郁的反叛的不满情绪（一个人心中所能蕴藏的最痛苦的感情）

吞没了他们。英国商业以它那殃及全世界的痉挛般的动荡，以它那无可比拟的普罗特斯——蒸汽，把他们的一切生路都弄得很不可靠，使他们陷入走投无路的境地；冷静、沉着、长期的安静，人类这些最起码的幸福他们是没有的……对于他们，这世界并不是家，而是一个充满了荒唐而无谓的痛苦、充满了愤激、怨恨、对自己和对全人类的仇恨的阴森的监牢。这是上帝所安排、所统治的、青葱翠绿百花盛开的世界呢，还是魔鬼所安排、所统治的弥漫着硫酸铜蒸气、棉絮尘埃、醉后的吵嚷、愤怒和苦役的、阴暗而沸腾的陀斐特。

往下，他又写道：

“世界上唯一的真正的罪恶就是不公道和背叛真理、背叛现实、背叛世界秩序，世界上唯一的难于忍受的痛苦就是意识到自己受了不合理不公道的待遇，因此，我们关于工人状况的一个大问题就是：这一切都是公道的吧？首先是：他们自己对于这种状况的公道与否是怎样想的呢？……他们的话就是很明显的回答，他们的行动是更明显的回答……愤激，下等阶级反对上等阶级的凶恶的复仇的意向愈来愈厉害了；他们对世俗政权的尊重和对精神主宰者的教训的信仰愈来愈降低了。”

在事实方面，卡莱尔讲的完全对，只是在责备工人对上等阶级的炽烈的憎恨的时候，他就错了。这种憎恨、愤怒宁可说是一种证明，它证明工人感觉到他们是处在一种怎样非人的状况里，证明他们不愿意被当作牲口来看待，证明他们总有一天要把自己从资产阶级的羁绊下解放出来。

另外还有一个十足的资产者，反谷物法同盟的中心人物安得鲁·尤尔博士暴露了这些后果的另一个方面。他告诉我们，大城市的生活助长工人中的阴谋的发生，并给平民以力量。根据他的意见，如果不适当地教育一下工人（就是教育他服从资产阶级），他们就会片面地从狠毒的自私自利观点来看问题，并且容易被狡猾的煽动家所诱惑；他们甚至还会用嫉妒和敌对的眼光来看待他们的最好的恩人——那些俭朴的富于进取心的资本家。在这种情况下只有正确地教育他们才行，否则，国家就要破产，其他灾祸就要发生，因为工人的革命将是不可避免的。我们的资产者担心得很对。人口的集中固然对有产阶级起了鼓舞的和促进发展的作用，但是它更促进了工人的发展。工人们开始感觉到自己是一个整体，是一个阶级；他们已经意识到，他们分散时虽然是软弱的，但联合在一起就是一种力量。这促进了他们和资产阶级的分离，促进了工人所特有的、也是在他们的生活条件下所应该有的那些见解和思想的形成，他们意识到了自己的受压迫的地位，他们开始在社会上和政治上发生影响和作用。

三、大城市是工人运动的发源地

大城市是工人运动的发源地：在这里，工人第一次开始考虑到自己的状况并为改变这种状况而斗争，第一次出现了无产阶级和资产阶级利益的对立，并产生了工会、宪章主义和社会主义。社会机体的病患在大城市中就变成急性的了，从而使人们发现了这种病的真实本质和治疗方法，从而加快了工人的进步性。此外，大城市清除了工人和雇主之间的宗法关系的最后残迹，因为它使依附于一个资产者的工人的数目大为增加了。资产者随心所欲地剥削自己的工人，支配他们，如果他在工资以外给他们一些小恩小惠，那么还可以获得这些“傻子”的服从、感激和爱戴。在伪善地掩饰着工人的奴隶地位的宗法关系下，工人是一个精神上已经死亡的、完全不了解自己的利益的十足的庸人。只有当他和自己的雇主疏远了的时候，当他明显地看出了雇主仅仅是由于私人利益和追求利润才和他发生联系的时候，当那种连最小的考验也经不起的虚伪的善意完全消失了的时候，工人才开始认清自己的地位和利益，开始独立地发展起来，他才不再在思想上、感情上和要求上像奴隶一样地跟着资产阶级走。而在这方面起主要作用的就是大工业和大城市。

各种工人的发展水平是直接取决于他们和工业的联系，所以最清楚地意识到自己的利益的是产业工人，矿工们差一些，而农业工人几乎还完全没有意识到。工厂工人，产业革命的这些初生子，始终是工人运动的核心，而其他工人的参加运动，却要看他们的手工业被产业革命侵害的程度如何而定。这样，以英国为例来观察工人运动和工业发展之间的这种一致的步调，我们就会更好地懂得工业的历史意义。

可是因为目前几乎整个工业无产阶级都已经卷入了运动，而且它的各个部分的状况，正由于他们都从事工业，就有许多共同的地方，所以我们先来考察这些共同点，然后再就各个部分的特点来更详细地研究这些部分。

第二节 初期的工人运动

英国工人阶级状况使得整个阶级都不可能像人一样地生活、感觉和思想。显然，工人应该设法摆脱这种非人的状况，应该争取良好的比较合乎人的身份的状况。如果他们不去和资产阶级的利益作斗争，他们就不可能摆脱这种状况。但是资产阶级却用他们的财产和他们掌握的国家政权所能提供的一切手段来维护自己的利益。工人一旦表明要摆脱现状，资产者就立刻成为他们的公开敌人。

一、抗争

工人处处发觉资产阶级把他当作物件、当作自己的财产来看待，只凭这一点，工人也要成为资产阶级的敌人。工人只有仇恨资产阶级和反抗资产阶级，才能获得自己作为人的尊严。

工人除了为改善自己的状况而进行反抗，就再也没有任何其他表现自己的人的感情的余地，那么工人自然就一定要在这种反抗中显出自己最动人、最高贵、最合乎人情的特性了。工人的全部力量、全部活动都正好是倾注于这方面的，甚至他们为了要获得普通教育而做的一切努力也都是与此有直接联系的。固然，我们不得不报道一些个别的粗暴行为，甚至暴力行为，但同时永远不应当忘记，英国正进行着公开的社会战争；如果说，资产阶级所关心的是伪善地打着和平的幌子甚至打着博爱的幌子来进行这场战争，那么相反，只有揭露事实的真相，只有撕破这个伪善的假面具才能对工人有利；所以，甚至工人对资产阶级及其奴仆所采取的最强暴的敌对行动，也不过是资产阶级用来暗中对付工人的种种手段的公开的毫不掩饰的表现而已。

工人对资产阶级的反抗在工业发展开始后不久就已经表现出来，并经过了各种不同的阶段。

二、犯罪

蔑视社会秩序的最明显最极端的表现就是犯罪。只要那些使工人道德堕落的原因起了比平常更强烈更集中的影响，工人就必然会成为罪犯。在资产阶级的粗暴野蛮、摧残人性的待遇的影响之下，工人逐渐变成了像水一样缺乏自己意志的东西，而且也同样必然地受自然规律的支配——到了某一点他的一切行动就会不由自主。因此，随着无产阶级人数的增长，英国的犯罪的数字也增加了，不列颠民族已成为世界上罪犯最多的民族。

从1805到1842年，逮捕事件的数字增加了6倍。在1842年发生的这些逮捕事件中，仅郎卡郡一地就有4 497起，在密多塞克斯区有4 094起。仅仅这两个地区（包括一些无产阶级人数众多的大城市），就占了全国犯罪数字的1/4以上，虽然它们的人口远不及全国人口的1/4。从这些犯罪统计表中还可以明白地看出，绝大部分的罪都是无产阶级犯的，在苏格兰，犯罪的数字增加得更快。在艾利生郡长本人做官方报告的拉纳克郡，居民在30年中增加1倍，而犯罪数字在5年半中就增加了1倍，即比居民的增长快5倍。至于所犯的罪，则和所有的文明国家里一样，大多数是侵犯私有财产，即由于缺少某种东西而发生的犯罪，因为谁也不会去偷窃他自己已经有的东西。侵犯私有财产的罪行和人口数目的比例在英国是1∶23 395。在农业区，一般罪行和人口数目的比例是1∶1 043，而在工厂区则是1∶840；现在，在全英国这比例几乎是1∶660。

如果堕落和犯罪再以同样的比例增长20年，——要是在这20年中英国工业不像以前那样走运，这个比例就只会增大，——那结果会怎样呢？我们现在已经看到社会正在全面解体。在这个国家里，社会战争正在炽烈地进行着。每个人都只顾自己，并为了自己而反对其他一切人。他是否要伤害其余所有被他看作死敌的人，那纯粹是由自私自利的打算来决定，就是说，看怎样才对他更有利。没有一个人想到要和自己的同伴和睦相处，一切分歧都要用威吓、武力或法庭来解决。一句话，每一个人都把别人看作必须设法除掉的敌人，或者最多也不过把别人看作一种可以供自己利用的工具。而且这个战争，是一年比一年激烈、残酷和不可和解了。敌对的各方面已渐渐分成互相斗争的两大阵营：一方面是资产阶级，另一方面是无产阶级。这个一些人反对一些人的、无产阶级反对资产阶级的战争并不使我们感到惊讶，因为它不过是自由竞争所包含的原则的彻底实现而已。奇怪的是资产阶级却泰然处之，虽然他们每天都在报上看到这些事情，但他们别说没有对现存的社会制度感到愤怒，甚至也没有对这种社会制度所引起的后果感到恐惧，没有对每一件个别的犯罪行为所预示的总爆发感到恐惧。但是民族还是要按自己的道路发展下去，不管资产阶级是否能看到这一点；而且这种发展总有那么一天会发生一种使有产阶级大吃一惊的、连他们的智者也梦想不到的意外事件。

但是工人很快就发觉这样做是没有什么好处的。罪犯只能一个人单枪匹马地反对现存的社会制度；社会却能以全部权力来猛袭一个人并以占绝对优势的力量压倒他。加之，犯罪只是一种最原始的最不自觉的反抗形式，因此，它不能普遍地表现工人的舆论，虽然工人内心里也赞许它。

三、暴力

英国工人只有在任何反抗都已无济于事并已失去意义的时候才有不向暴力让步的那种顽强的、不可战胜的英雄气概。正是在这种镇静的坚忍精神中，在这种不可动摇的决心中，英国工人显示出自己性格的最值得尊敬的一面。为了制服一个资产者的反抗而忍受着这些苦难的人们是能够摧毁整个资产阶级的力量的。同时，英国工人也不止一次地显示了足够的勇气。在有了明确的社会目的的时候，英国工人已不止一次地证明了自己是有勇气的。1839 年威尔士的起义不用说了，当我居住在曼彻斯特的时候（1843 年 5 月间），那里就发生了一次真正的战斗。有一家制砖厂加大了砖模的尺寸，但是没有提高工资。工人提高工资的要求被拒绝了，于是他们就停了工，同时工会也向公司宣布抵制。可是公司费了很大的力气在附近地区从工贼中招到了工人。最初工会企图恫吓他们。公司为了保护工厂，雇了 12 个当过兵或警察的人并给他们配备了枪支。一天晚上将近 10 点钟的时候，一支以步枪为前锋的制砖工人的战斗队伍袭击了工厂，工厂离驻扎步兵部队的军营总共不过 400 步左右。工人冲进了工厂地区，发现警卫后就向他们开枪，踏坏了摆在地上晒的砖坯，抛散了垒成堆的干砖，毁坏了他们所碰到的一切东西，并且冲到一幢房子里面去，砸坏了所有的家具，痛殴了住在那里的一个监工的妻子。那时，警卫躲在一道篱笆后面，在篱笆掩护下他们可以毫无阻碍地射击。袭击工厂的人却站在一座火光熊熊的砖窖前，火光照亮了他们，使他们成为敌人最好的枪靶子，而他们自己只好毫无目的地射击一阵。可是射击仍然继续了半小时多，直到他们所有的枪弹都已经用光并达到了袭击的目的——把工厂里一切可以破坏的东西都破坏了为止。这时军队开来了，工人向爱克尔斯（距曼彻斯特 3 英里）撤退。受伤的显然很多，但是人家知道的只是那些落到警察手里的人。这些人充分地表明了他们同样具有革命的勇气，是不怕枪弹的。

工人阶级第一次反抗资产阶级是在产业革命初期，即工人用暴力来反对使用机器的时候。最初的一批发明家阿克莱等人就受过这种暴力的害，他们的机器被砸碎了；后来又接连发生了许多因使用机器而引起的起义，这些起义的经过情形和 1844 年 6 月波希米亚印花布工骚动的情形几乎完全一样：工人砸碎了机器，捣毁了工厂。

但是这种反抗形式也是孤立的，它局限于个别地区，并且只是针对着现存制度的一个方面。而且只要工人一获得转瞬即逝的胜利，社会权力就以自己的全部压力来袭击这些再度变得手无寸铁的犯罪者，给他们各种各样的惩罚，而机器还是使用起来了。工人们必须找出一种新的反抗形式。

第三节　有组织的工人运动

一、工会

在工人中间过去一直就有秘密的工会存在，但是它们从来没有做出显著的成绩来。据说，在苏格兰，还在1812年就发生了由秘密的团体所组织的格拉斯哥织工的总罢工。1822年又发生了罢工，有两个工人因不愿加入工会而被宣布为本阶级的叛徒，有人把硫酸泼在他们的脸上，结果这两个人都成了瞎子。1818年，苏格兰矿工的团体也已经强大到能进行总罢工的程度。这种团体都要每一个成员立誓效忠和保守秘密，有会员名册、基金会、簿记和地方分会。但是，全部活动的秘密性阻碍了这些团体的发展。

1824年废除了以前禁止工人为保护自己的利益而联合起来的一切法令。工人得到了过去只是贵族和资产阶级才有的结社的权利。当1824年工人得到自由结社的权利时，这些工会就很快地布满了全英国并获得了巨大的意义。所有的劳动部门中都成立了这样的工会，它们公开宣称要竭力保护各个工人不受资产阶级的横行霸道和冷酷待遇之害。

工会斗争的目的是：首先，规定工资，集体地和雇主进行谈判，按雇主所获利润的多少来调整工资，在适当的时候提高工资，并使每一种职业的工资保持同一水平。因此，这些工会总是向资本家力争一个大家都得遵守的工资标准，谁拒绝接受这种工资标准，就向他宣布罢工。其次，工会还竭力用限制招收学徒的方法来维持资本家对工人的需求，从而使工资保持在一定的水平上；它们尽可能地竭力反对厂主靠采用新的机器和工具等欺诈手段来降低工资的企图。最后，它们还用金钱来帮助失业工人。这件事由工会的基金会来做，或者利用证明工人身份的卡片来进行。工人带着卡片流浪，同行就资助他并告诉他什么地方容易找到工作。为了达到这些目的，工会委任了一个支薪的主席兼秘书，使其合乎工会的利益。个别地区的工会在可能和有利的时候就合并为一个工会联合会，并定期举行代表大会。在个别情况下，曾有人试图把全英国同一行业中所有的工人结合成一个大的工会，并且不止一次地试图建立一个全英工会联合会，同时每一个行业都保有自己的特有的组织。但是这种联合会是维持不了很久的，甚至也很少能成立起来；只有特别普遍的高潮才能使这样的联合会诞生并使它具有行动的能力。

这些工会为了达到自己的目的通常使用如下的手段。如果有一个或几个业主拒绝承认工会所规定的工资，那就派一个代表团去见他们，或者向他们送上一份请愿书。如果这样做仍没有结果，工会就下令停工，所有的工人都散伙回家。如果一个或几个厂主拒绝承认工会所规定的工资，这种罢工就是局部性的；如果某一个劳动部门所有的厂主都拒绝承认，那么罢工就会成为总罢工，这就是工会的合法手段。但是，只要有些工人还没有加入工会，有些人为了厂主所许给的眼前利益准备退出工会，这种合法手段就很少发生什么效力。特别是在局部罢工时，厂主很容易从这些工贼中招雇工人，从而使联合起来的工人的努力毫无结果。工会会员通常企图用威胁、辱骂、殴打和暴力来对付这些工贼，总之，用一切方法来恐吓他们。于是这些工贼就向法庭控告，而由于法律的守护者资产阶级还掌握着政权，所以只要一发生违法的行为，只要有人向法庭控告一个工会会员，工会的力量几乎总要受到损害。

这些工会的历史充满了工人的一连串的失败，只是间或才有几次个别的胜利。自然，工会的一切努力都不能改变工资决定于劳动市场上的供求关系这一经济规律。因此，大多数的罢工都是以工人吃亏而告终。

二、罢工

多得令人难以置信的罢工再好不过地证明了英国的社会战争已经蔓延到什么程度。没有一个星期，甚至几乎没有一天不发生罢工，原因有时是厂主降低工资或拒绝提高工资，有时是工厂雇用工贼，有时是厂主拒绝废除打骂或恶劣的制度；有时是工厂采用新机器或无数其他的原因。当然，这些罢工只是间或才转变为较严重的战斗，它们确凿地证明无产阶级和资产阶级间的决战已经迫近了。

罢工是工人的军事学校，他们就在这里受到训练，准备投入已经不可避免的伟大的斗争中去；罢工是工人阶级各个队伍宣告自己参加伟大的工人运动的宣言。作为斗争的学校来说，罢工是不可缺少的。在罢工中表现了英国人的独特的勇敢。

由于工业停滞和随之而来的穷困，1834 年在里昂发生了要求建立共和国的起义，1842 年在曼彻斯特爆发了要求制定人民宪章和提高工资的总罢工。而罢工也需要有勇气，甚至比暴动需要更大或大得多的勇气，需要更大的勇敢和更坚定的决心。对一个亲身体验到穷困是什么的工人说来，勇敢地带着妻子儿女去迎接穷困，成年累月地挨饿受苦，而依然坚定不移，这确实是一件非同小可的事情，英国工人为了挣脱有产阶级的压迫而忍受着一切。

工人明明知道宣布罢工没有用，也要采取这种方法。因为工人必须反对降低工资，甚至要反抗这种降低的必然性本身；因为工人一定要宣布，他作为一个人，不能去迁就环境，相反地应该让环境来适应自己；因为工人的沉默就表示同这种环境妥协，承认资产阶级在商业繁荣时期有权剥削工人，而在萧条时期又有权把工人饿死。只要工人还保存有一点点人的尊严，他们就不能不对此表示抗议，而他们之所以这样抗议，而不用别的方式来抗议，就因为他们是英国人，是用行动来表示自己的抗议的讲求实际的人。相反地，英国人的积极抗议是会发生影响的：它把资产阶级的贪得无厌的欲望限制在一定的范围内，使工人对有产阶级的社会的和政治的万能权力的反抗不致消沉下去。它同时也向工人证明，要粉碎资产阶级的势力，除了工会和罢工，还需要更多的东西。但是这些工会及其所组织的罢工，其意义首先在于：它们是工人想消灭竞争的第一次尝试。它们存在的前提就是工人已经懂得，资产阶级的统治正是建筑在工人彼此间的竞争上。而正因为工会努力反对竞争，反对现存社会制度的生命攸关的神经（虽然这种努力有很大的片面性和局限性），所以这个社会制度才把它看得这样地危险。在进攻资产阶级和整个现存社会制度的时候，工人再也找不到比这更容易攻破的地方了。当工人之间的竞争停止的时候，当所有的工人都下了决心，再也不让资产阶级来剥削自己的时候，私有制王国的末日就来临了。工资之所以由供求关系来决定，由劳动市场上的偶然发生的情况来决定，仅仅是由于直到现在工人还让别人把自己当作可以买卖的物品来看待。当工人下定决心不再让别人买卖他们的时候，当工人弄清了劳动的价值究竟是什么，工人不再作为物件而作为一个不仅具有劳动力并且具有意志的人出现的时候，到那时，全部现代政治经济学在工资规律就完蛋了。有一种必然性在迫使他们根本消灭竞争，而不是消灭一部分竞争，而且他们是会这样做的。现在工人已经一天比一天懂得竞争给他们带来了什么害处，他们比资产阶级更懂得，有产者之间的竞争会引起商业危机，因而对工人也有影响，所以也必须消灭这种竞争。很快他们就会懂得，他们应当怎样去做这件事情。

工会在很大的程度上加强了工人对有产阶级的仇恨和愤怒，

这是无须加以证明的。有产阶级，特别是从事于工业的那一部分，由于直接和工人接触，反对这些工会最为激烈，并且不断地设法用许多论据来向工人证明工会是无用的，这些论据从资产阶级政治经济学的观点看来是完全正确的，但是正因为如此，在一定的关系上就是错误的，而且不可能对工人的思想发生任何影响。在战争中，一方遭受损失自然对另一方有利，而由于工人和厂主处于战争状态，所以工人在这种场合下所做的也不过是和那些至尊的君主们在彼此闹得不可开交的时候所干的一样。

第四节　人民宪章

一、统治阶级的法律

对资产者说来，法律是神圣的，因为法律本来就是资产者创造的，是经过他的同意并且是为了保护他和他的利益而颁布的。资产者懂得，即使个别的法律条文对他不方便，但是整个立法毕竟是用来保护他的利益的，而主要的是：法律的神圣性，由社会上一部分人积极地按自己的意志规定下来并由另一部分人消极地接受下来的秩序的不可侵犯性，是他的社会地位的最可靠的支柱。但是在工人看来当然就不是这样。工人有足够的体验知道得十分清楚，法律对他说来是资产阶级给他准备的鞭子，因此，只有在万不得已时工人才诉诸法律。可笑的是有人硬说英国工人怕警察，要知道，曼彻斯特每星期都有警察挨打的事情发生，去年甚至还出了这种事情：有人企图冲击一个有铁门和厚厚的百叶窗做防护的派出所。1842 年罢工时，警察之所以显得威风，不过是由于工人自身犹豫不决而已。

二、宪章主义

工人并不尊重法律，只是在无力改变它的时候才屈服于它，所以，他们至少也要提出修改法律的建议，他们力求以无产阶级的法律来代替资产阶级的法律。无产阶级所提出的这种法律就是人民宪章，这一文件在形式上纯粹是政治性的，它要求按照民主的原则改组下院。宪章主义是工人反抗资产阶级的集中表现。在工会的活动和罢工中，这种反抗总是分散的；总是个别的工人或部分的工人同个别的资产者作斗争。即使斗争有时普遍化了，这多半也不是出于工人的自觉；当工人自觉地这样做的时候，这种自觉的基础就是宪章主义。在宪章主义旗帜下起来反对资产阶级的是整个工人阶级，他们首先向资产阶级的政权进攻，向资产阶级用来保护自己的这道法律围墙进攻。宪章派是从民主党中产生出来的。民主党是在 18 世纪 80 年代和无产阶级同时并在无产阶级内部发展起来，在法国革命时期强大起来并且在缔结和约后成为“激进的”政党。1835年以威廉洛维特为首的伦敦工人协会委员会，草拟了人民宪章，里面包括下列“六条”：（1）精神正常并且没有犯过罪的一切成年男子都有普选权；（2）议会每年改选一次；（3）议会议员支薪，使没有财产的人也能够当代表；（4）为了消除资产阶级方面的贿买和恐吓，选举采用秘密投票的方式；（5）设立平等的选区以保证平等的代表权；（6）取消纯属形式的300英镑地产的代表资格限制，使每个选民都同样有被选举权。这6条只涉及下院的组织足以把英国的宪法连同女王和上院彻底毁掉。如果下院拥有全国舆论的支持，如果它不只是表现资产阶级的意志，而且表现全民族的意志，那它就会把一切权力完全攫为己有，使君主和贵族失掉他们头上最后的一丝圣光。英国的宪章主义者在政治上是共和主义者，虽然他们从来不用或极少用这个字眼；他们同情各国的共和党，但更喜欢称自己为民主主义者。他们并不仅仅是普通的共和主义者；他们的民主主义也不仅仅限于政治方面。

三、无产阶级和资产阶级断然决裂

宪章主义者在过去也根本没有隐瞒他们要用一切手段来实施他们的宪章：甚至不惜采取革命手段。资产阶级现在忽然明白，任何使用暴力的变革对他们都是多么地危险，他们不愿意再听到什么“物质力量”，他们所希望的只是用“精神力量”来达到自己的目的。这是一个争论点，但是后来这个争论点由宪章派所说的话消除了，他们说他们也不诉诸物质力量了。第二个争论点，也是最重要的并且是使宪章主义恰好成为真正的宪章主义的争论点，就是谷物法问题。关心废除谷物法的是激进资产阶级而不是无产阶级。在1843年1月的伯明翰国民公会上，激进资产阶级的代表斯特治提议把宪章这一名称从宪章协会的章程中删去，理由是在起义后这一名称使人联想到暴力革命行动。工人们不愿放弃这个名称，在表决这个问题时斯特治失败了。从这时起，宪章主义就成为没有任何资产阶级分子参加的纯粹的工人运动了。

宪章派的工人却加倍积极地参加了无产阶级反对资产阶级的一切战斗。工人以往所提出来的一切要求——十小时法案、保护工人不受资本家的迫害、工资要合理、地位要有保证、废除新的济贫法，所有这些要求至少和“六条”一样，都是宪章主义不可缺少的部分，是直接反对自由竞争和贸易自由的。

宪章主义本质上是一种社会性的现象。“政治权力是我们的手段，社会幸福是我们的目的”，这就是宪章主义者现在明确地喊出的口号。宪章主义者中间再也没有纯粹的政客了。诚然，他们的社会主义还处在萌芽状态中，直到现在他们还认为，因工业发展而已经过时的那种把土地分为小块份地的办法是消灭贫穷的主要方法，他们在实践方面的大多数建议（保护工人利益的措施等等）就外表看来一般地都带有反动性质。但是，一方面，他们所提出来的措施本身不是受不住竞争的打击（这样，以前的情况就会恢复起来)，就是要消灭竞争本身；另一方面，宪章主义目前的暧昧状况和它脱离纯粹政治党派的倾向，必然会使它那些由其社会本质所决定的特征获得进一步的发展。宪章主义和社会主义接近是不可避免的，特别是在下一次危机到来的时候。这次危机必然紧跟在目前工业和商业中的繁荣后面，最晚在 1847 年爆发，但是也许会在明年爆发。这次危机将比过去历次危机剧烈和尖锐得多，它将迫使工人更多地从社会方面而不是从政治方面去寻找摆脱穷困的出路。工人要争取实施自己的宪章，这是用不着说的，但是到那时他们将要弄清楚许多事情，这些事情是他们通过宪章就能做到而他们现在还不很清楚的。

四、工人运动发展

同时，社会主义的宣传也在继续进行。英国的社会主义者要求以建立两三千人（这些人都从事工业和农业，享有平等的权利和接受同样的教育）的“国内移民区”的方法来逐渐实行财产公有。英国社会主义者要求：为离婚提供便利条件；建立合理的政府，使人们有充分发表意见的自由；取消刑罚，给犯人以合理的待遇。这就是他们在实践方面的建议；他们的理论原则并不使我们感到兴趣。

英国社会主义的创始者是厂主欧文。所以他的社会主义虽然在实质上要超越于资产阶级和无产阶级的对立，但在形式上仍然以极宽容的态度对待资产阶级，同时在许多方面都对无产阶级很不公道。社会主义者十分驯顺温和；不管现存的制度如何坏，他们还是承认它，因为他们除争取社会舆论外，对改变现存制度的其他一切途径是一概否定的。

社会主义者还经常抱怨下层阶级道德堕落，他们看不见社会制度的这种瓦解中的进步成分，看不见只会追求私利的伪善的有产阶级更严重的道德堕落。他们不承认历史的发展，所以他们打算一下子就把国家置于共产主义的境界，而不是进一步开展政治斗争以达到国家自行消灭的目的。他们固然了解工人为什么痛恨资产者，但是，他们认为这个愤怒并没有什么用处，并宣扬对英国目前没用慈善和博爱。他们只承认心理的发展，只承认和过去毫无联系的抽象的人的发展，所以他们太形而上学了。他们之中一部分人是来自工人阶级的，但是工人阶级中倾向于他们的只是很少的一部分人，虽然这一部分人是最有教养的和最坚强的。社会主义在其现有的形式下决不能成为工人阶级的公共财产，因此，它必须降低自己的水平，暂时回到宪章主义的观点上来。但是，经过宪章运动的考验并清除了资产阶级成分的、真正的无产阶级社会主义现在已经在许多社会主义者和宪章运动的领袖。他们几乎全是社会主义者那里形成起来，它很快就会在英国人民的历史发展中起突出的作用。

工人运动分裂为两个派别，一派是宪章主义者，一派是社会主义者。宪章主义者比较落后，比较不开展，但他们是真正的道地的无产者，是无产阶级的代表。社会主义者看得远得多，提出消灭穷困的实际办法，但他们来自资产阶级，因此不能和工人阶级融合在一起。社会主义和宪章主义的合流，只有在实现了这一点以后，工人阶级才会真正成为英国的统治者；那时，政治和社会的发展也将向前推进，这种发展将有利于这个新生的政党，促使宪章主义的继续发展。

这些时合时分的不同的工人派别——工会会员、宪章主义者和社会主义者——自己出经费创办了许多学校和阅览室来提高工人的知识水平。这些设施在每个社会主义的组织里和几乎每个宪章主义的组织里都有，而且在许多单个的工会里也有。在这里，孩子们受到纯粹无产阶级的教育，讨论和自己的切身利益有直接关系的问题，摆脱了资产阶级的一切影响，阅览室里也只有无产阶级的书刊。在无产阶级的、特别是社会主义者的学校或阅览室里经常举行关于自然科学、美学和政治经济学问题的讲演会，而且听众往往很多。我常常碰到一些穿着褴褛不堪的粗布夹克的工人，他们显示出自己对地质学、天文学及其他学科的知识比某些有教养的德国资产者还要多。阅读最新的哲学、政治和诗歌方面最杰出的著作的几乎完全是工人，这一事实特别表明了英国无产阶级在取得独立的教育方面已经有了多么大的成就。在这方面，社会主义者为了教育无产阶级曾经做过不少事情，他们翻译了法国唯物主义著作，并且用普及本把这些翻译作品和英国作家最优秀的著作一道加以传播。无产阶级在这个基础上创造了自己的书刊，这多半是一些期刊和小册子，就内容来说，远胜于资产阶级的一切书刊。

还必须指出一点：构成工人运动的核心的是工厂工人，其中主要是棉纺织工人。郎卡郡，特别是曼彻斯特，是最坚强的工会的所在地，是宪章运动的中心，是社会主义者最多的地方。工厂制度渗入某个劳动部门愈深，这个部门的工人卷到运动中去的也愈多；工人和资本家的对立愈尖锐，工人中的无产阶级意识也愈发展，愈明朗化。一般说来，所有的产业工人都被卷到反对资本和资产阶级的各种斗争中去了。他们都一致同意他们是工人，这是他们引以自豪的并且是宪章主义者各种会议上的普通的称呼，他们是有自己的利益和原则、有自己的世界观的独立的阶级，是和一切有产阶级相对立的阶级，同时也是国家力量所系并能推动国家向前发展的阶级。

第五节 资产阶级

本节里所谈的资产阶级，也包括所谓的贵族阶级在内，无产者把它们二者都看作有产阶级。在财产特权面前，其他一切特权都算不了什么。

一、个人利益至上

恩格斯说从来没有看到过一个阶级像英国资产阶级那样堕落，那样自私自利，那样腐朽，那样无力再前进一步。在这里首先是狭义的资产阶级，特别是反对谷物法的自由资产阶级。在资产阶级看来，世界上没有一样东西不是为了金钱而存在的，连他们本身也不例外，他们活着就是为了赚钱，除了快快发财，他们不知道还有别的幸福，除了金钱的损失，也不知道还有别的痛苦。

当然，这些英国资产者都是很好的丈夫和父亲，他们都具有各种各样的所谓私德，在日常的交往中，也是一些可敬的和体面的人物；在商业关系上，他们不像我们的小商人那样讨价还价，斤斤计较，但是归根到底，唯一的决定性的因素还是个人的利益，特别是发财的渴望。英国资产者对自己的工人是否挨饿，是毫不在乎的，只要他自己能赚钱就行。一切生活关系都以能否赚钱来衡量，凡是不赚钱的都是蠢事，都不切实际，都是幻想。厂主对工人的关系并不是人和人的关系，而是纯粹的经济关系。厂主是“资本”，工人是“劳动”。而当工人不愿意让别人把自己当作这样一种抽象的东西的时候，当他肯定自己不是“劳动”而是人的时候，当他认为自己决不能被当作“劳动”、当作商品在市场上买卖的时候，资产者就想不通了。他不能了解他和工人之间除了买卖关系还有别的关系存在；他不把工人看作人，而仅仅看作

"手"，他经常就这样当面称呼工人。甚至他和自己的老婆之间的联系百分之九十九也是表现在同样的"现钱交易"上。金钱确定人的价值：这个人值一万英镑，就是说，他拥有这样一笔钱。谁有钱，谁就"值得尊敬"，就属于"上等人"，就"有势力"，而且在他那个圈子里在各方面都是领头的。供应和需求，这就是英国人用来判断整个人生的逻辑公式。因此，在生活的各个方面都是自由竞争，因此，自由竞争的制度支配着行政、医务、教育，或许不久在宗教方面也会这样，因为国教教会的统治已日渐趋于崩溃。自由竞争不能忍受任何限制，不能忍受任何国家监督，整个国家对自由竞争是一种累赘，对它来说，最好是没有任何国家制度存在，使每个人都可以随心所欲地剥削他人。但是，资产阶级为了使自己必不可少的无产者就范，就不能不要国家，所以他们利用国家来对付无产者，同时尽量使国家离自己远些。

但是千万不要以为资产阶级会公开承认这种自私自利。相反地，他用最可耻的伪善的假面具把它遮盖起来。他们吸干了无产者最后的一滴血，然后再对他们施以小恩小惠，使自己自满的伪善的心灵感到快慰，并在世人面前摆出一副人类恩人的姿态。大半年以前，我在《曼彻斯特卫报》上读到一封给编辑部的信，编辑部把这封信当作极为自然的和合乎情理的东西，不加任何按语就登了出来。下面就是这封信：

"编辑先生！

近来在我们城里的大街上出现了大批乞丐，他们时常企图用他们那褴褛的衣服和生病的样子，或者用令人作呕的化脓的伤口和残废的肢体，以极端无耻的和令人讨厌的方式来唤起过路人的注意和怜悯。我认为，一个不仅已经付过济贫捐而且还给慈善机关捐过不少钱的人，应该说已经有充分的权利要求不再碰到这种不愉快的和无耻的纠缠了。如果城市的警察连保证我们安安静静地在城里来往都做不到，那我们究竟为什么要付出那样多的捐税来供养他们呢？我希望这封信在你们这个拥有广大读者的报纸上发表以后，能促使当局设法消除这种恶劣现象。

永远忠实于您的一位太太”

看吧！英国资产阶级行善就是为了他们自己的利益；他们不会白白地施舍，他们把自己的施舍看作一笔买卖。他们对穷人说：我为慈善事业花了这么多钱，我就买得了不再受你们搅扰的权利，而你们就得待在自己的阴暗的狗窝里，不要用你们的那副穷相来刺激我的敏感的神经！你们不妨继续悲观失望，但是要做得让人觉察不到。这就是我提出的条件，这就是我捐给医院 20 英镑所换取的东西！它正好表现了绝大多数英国资产阶级的想法。相反穷人从他们的穷弟兄那里得到的帮助，比从资产阶级那里得到的要多得多。淳朴的无产者深知饥饿的苦楚，所以他们虽然自己也不够吃，还是乐意舍己救人。他们这种援助的意义是与穷奢极欲的资产者所扔出来的那点布施迥然不同的。

在其他方面，当他们自己的利益需要时资产阶级也装出一副大慈大悲的样子。5 年来资产阶级一直在竭力向工人表明，他们只是为了无产阶级的利益才希望废除谷物法。但事实废除谷物法得到的一点点好处过几年就会重新消失，新的危机会跟着到来，我们又得回到原来的处境，这一切无产者都看得很清楚，并且对资产者直截了当地说过好多次了。可是，厂主们只看到废除谷物法给他们带来的直接利益，而且由于目光短浅，甚至不懂得，从这种措施得来的利益对他们说来也是不会长久的，因为厂主彼此间的竞争很快就会把他们每个人的利润降低到从前的水平；而他们却不停地向工人大吹大擂地说，所有这一切都只是为了工人，只是为了千百万挨饿的人，自由党的阔佬们才把成百成千的英镑投到反谷物法同盟的金库里去。但是工人不再上资产阶级的当了，特别是在1842年的起义以后。谁说自己关心工人的幸福，工人就要求他宣布赞成人民宪章来证明自己的诚意。因此，工人反对一切不相干的帮助，因为在宪章里他们所要求的只是赋予他们以权力，以便他们能够自己帮助自己。谁不同意这样，工人便有充分的理由向他宣战。

二、法律庇护

资产阶级甚至以政党、国家政权出面来反对无产阶级，整个立法首先就是为了保护有产者反对无产者。例如取缔流浪汉和露宿者的法律便宣布无产阶级不受法律的保护，但是敌视无产阶级却是法律的不可动摇的基础，因此法官，特别和无产阶级接触最多的治安法官，不用思考就会看出法律本身所包含的这种意图。如果阔佬被传到，法官便会因为打搅了他而向他深致歉意，并且尽力使诉讼变得对他有利；如果不得不给他判罪，那么法官又要对此表示极大的歉意，结果是罚他一笔微不足道的罚款。但是，如果是一个穷鬼被传到那里，那么他几乎总是先被扣押起来，和其他许多像他一样的人一起过一夜；他一开始就被看作罪犯，他的一切辩护只得到一个轻蔑的回答："呵，我们懂得这些借口！"最后是被处以罚款，可是他付不出这一笔钱，于是只好在监狱里做一个月或几个月的苦工来抵罪。即使不能给他加上任何罪名，他还是会被当作流氓和游民送进监牢。治安法官的偏袒行为，特别在乡间，实在是想象不到的，而且这种行为已司空见惯。

因此，对无产者来说，法律的保护作用是不存在的，警察可以随便闯进他家里，随便逮捕他，随便殴打他。只是在工会聘请了辩护人，大家才知道，法律的保护作用对无产者说来是多么微小，无产者经常被迫肩负法律的全部重担而享受不到法律的一点好处。

为了加紧奴役无产阶级，有产阶级现在还在议会里不断地同那些较善良的不完全的利己主义议员进行斗争。公地被掠夺并被改成耕地，这固然会提高农业生产，但是使无产阶级受到很大的损失。在有公地的地方，穷人可以在那里放驴、放猪或放鹅，或者游玩和欢跳。现在这种事情愈来愈少了，穷人的收入日益减少，年轻人失掉了游玩的地方，只好上小酒馆去。议会每次开会都要通过一系列开垦公地的条例。

可是采取隐蔽方式侵犯无产阶级权利的行为太多了，1844 年一个没有名声的议员迈尔斯先生提出了一个调整主仆关系的法案，这个法案看来完全是无可非议的。政府赞同这一法案，而且把它提交给一个专门的委员会去审理。后来这个法案由委员会交回来，但里面加了几项专横到极点的条文，特别是这样一条：凡口头上或书面上同意替雇主做某种工作的工人，如果拒绝工作或者有其他任何不良行为，雇主有权把他送到任何一个治安法官那里去；法官根据雇主或他的代理人和监工在宣誓后所提出的证词可以判处工人两个月以下的徒刑或劳役。这一法案在工人中激起了无比的愤怒，特别是因为这时议会正在讨论十小时法案，而各地正在进行轰轰烈烈的宣传鼓动工作。工人们开了几百次会，在人民的激愤面前，根本也没有一个人特别热衷于坚持这个法案，于是这个法案便可耻地破产了。

三、资产阶级的前途

在最坏的情况下，即使废除了谷物法，外国的工业也能够经得住英国的竞争。目前德国的工业正在加紧发展，美国的工业已经大规模地发展起来。和他们比起来，英国人就是一群昏睡的黏液质的人；美国在不到 10 年的时间内建立了工业，目前在粗棉纺织品方面已经开始和英国竞争，它已经把英国人从北美和南美的市场上排挤出去，在中国，美国货也和英国货一样地行销了。其他工业部门里的情形也是一样。如果要找一个能够把工业垄断权夺到自己手中的国家，那么这就是美国。如果英国工业就这样被打垮，那么无产阶级大多数都将永远成为“多余的人”。他们可以走的路只有两条：或者饿死，或者革命。英国资产阶级并没有看到这种前途。

四、无产阶级革命的必然性

假定英国人保持住工业的垄断权，那么商业危机也不会消失，它将随着工业的发展和无产阶级人数的增加而日益尖锐、可怕。随着小资产阶级的不断破产，无产阶级的人数将按照几何级数增加起来。但是，在这种发展的进程中必将有这样一个时机到来，那时无产阶级将看到，他们要推翻现存的社会秩序是多么容易，于是革命就跟着到来了。

然而事变很可能不沿着这两条道路发展。商业危机（它是促进无产阶级独立发展的最强有力的因素）加上外国的竞争和中等阶级的日益破产将加速整个进程。1846 年或 1847 年行将到来的危机，想必会促成谷物法的废除和宪章的通过。宪章将引起什么样的革命运动，现在还很难说。但是在这次危机之后和下一次危机之前，英国人民大概会对剥削或饿死这样的事情感到厌恶。如果到那时英国资产阶级不变得聪明些，那么革命就会到来，这次革命将是过去任何一次革命都不能相比的。被逼到绝望地步的无产者将要去放火；人民复仇的怒火将迸发出来。

穷人反对富人的战争将是人们之间进行过的一切战争中流血最多的一次战争。革命是不可避免的，要从既成的形势中找到和平的出路已经太晚了；但是革命可以进行得比我在这里所描述的温和些。革命取决于无产阶级的发展，无产阶级所接受的社会主义思想和共产主义思想愈多，革命中的流血、报复和残酷性将愈少。在原则上，共产主义是超乎资产阶级和无产阶级之间的敌对的；共产主义只承认这种敌对在目前的历史意义，但是否认它在将来还有存在的必要；共产主义正是以消除这种敌对为目的的。所以，只要这种敌对还存在，共产主义就认为，无产阶级对他们的奴役者时愤怒是必然的，是正在开始的工人运动的最重要的杠杆；但是共产主义比这种愤怒更进了一步，因为它并不仅仅是工人的事业，而是全人类的事业。没有一个共产主义者想到要向个别的人复仇，或者认为某个资产者在现存的条件下能够有不同于现在的行动。英国的社会主义（即共产主义）正是从不归咎于个别人的原则出发的。因此，英国工人所接受的社会主义思想愈多，他们现在的愤怒就愈快地成为多余的，在他们反对资产阶级的发动中粗暴行为和野蛮行为也就愈少。假如能够在斗争展开以前使全体无产阶级共产主义化，那么斗争就会很和平地进行。但是现在这已经不可能了，太晚了！然而我认为在英国现在已无法避免的穷人反对富人的完全公开的、直接的战争爆发以前，至少也能使无产阶级对社会问题有个清楚的了解，使共产党能够在有利的情况下逐渐克服革命中的野蛮成分并预防热月九日的重演。此外，法国的经验并不是没有用的，而且现在宪章运动的多数领袖都已经成了共产主义者。而因为共产主义超乎无产阶级和资产阶级间的对立，所以它和纯粹无产阶级的宪章主义比起来，更容易为资产阶级的优秀的代表人物所赞同。

如果这些结论在这里还显得根据不够充分，那么我希望在别的地方有机会来证明，这些结论是从英国历史发展中必然得出的。我坚决认为：现在已经间接地以个别小冲突的形式进行着的穷人反对富人的战争，将在英国成为全面的和公开的战争。要想和平解决已经太晚了。阶级的分化日益尖锐，反抗的精神日益深入工人的心中，愤怒在加剧，个别的游击式的小冲突在扩展成较大的战斗和示威，不久的将来，一个小小的推动力就足以掀起翻天覆地的浪涛。那时富人们再想采取预防措施就已经晚了。

第七章 《英国工人阶级状况》的意义与价值

《英国工人阶级状况》一书通过对英国这一当时资本主义发展的典型形态的分析，初步揭示了资本主义的本质及其内在的深刻矛盾，论述了阶级冲突的经济根源和无产阶级产生、发展的历史过程。生动地描绘了英国工人难以忍受的生活状况和劳动条件，指出无产阶级的这种地位必然促使它去争取本身的最终解放。无产阶级的阶级斗争是历史发展的强大动力。此书虽然还存在德国古典哲学的痕迹，但它所论及的无产阶级革命和社会主义等新思想、新观点，为科学社会主义奠定了坚实的基础。

第一节 理论意义

在《共产党宣言》诞生之前，《英国工人阶级状况》是一部描写工人阶级状况的重要著作，出版后在工人阶级中产生了共鸣，也是拥有工人读者最多的书。恩格斯在《英国工人阶级状况》的序言中写道：本书中所考察的问题，最初我是打算仅仅作为一本内容比较广泛的关于英国社会史的著作中的一章来论述，但这个问题的重要性很快就使我不得不对它进行单独的研究。像恩格斯这样考察一切工人的状况的著作，连英国本国也还没有出过一本。他将这本著作称为“第一本关于英国的书”。在恩格斯72岁重读这部著作时仍对自己青年时期的这部著作感到自豪。青年的恩格斯已经完成了由革命民主主义向共产主义者的转变，他能够从工人阶级的立场出发，客观地分析社会问题，从而使他的著作经得起历史的检验。

《英国工人阶级状况》出版后，在当时的德国引起了极大的反响，马克思对这部著作给予高度的评价，在1863年马克思给恩格斯的信中说：你的书中的主要论点，连细节都已经被1844年以后的发展证实了……这本书写得那么清新、热情和富于大胆的预料，丝毫没有学术上和科学上的疑虑！连认为明天或者后天就会亲眼看到的历史结果的那种幻想，也给予整个作品以热情和乐观的色彩。马克思在《资本论》的写作中多次引用该书的材料。《文学报》称：该书具有永久的价值。

列宁认为这部著作是社会主义文献中最优秀的著作之一，给予了极高的评价。列宁写道：在恩格斯以前有很多人描写过无产阶级的痛苦，并且指出了帮助无产阶级的必要。但是，恩格斯第一个说明了无产阶级不只是受苦的阶级，说明了正是它所处的那种低贱的经济地位；无可遏止地推动它前进，使它去争取本身的最终解放。列宁认为，恩格斯这本书不仅在政治意义和理论意义上有重要价值，而且写得非常感人，对生活描述十分准确、传神和鲜明逼真。列宁继续写道：这些思想是一部写得很动人、充满了关于英国无产阶级穷苦状况的最确实最惊人的情景的著作中叙述出来的。这部著作是对资本主义和资产阶级的极严厉的控诉。他在《英国工人阶级状况》出版50年之后说：到处都有人援引恩格斯的这部著作，认为它是无产阶级状况的最好的描述。的确，不论在1845年以前或以后，都没有出现过一本书把工人阶级的穷苦状况描述得这么鲜明、逼真。

《英国工人阶级状况》通过对英国这一当时资本主义发展的典型形态的分析，初步揭示了资本主义的本质及其内在的深刻矛盾，论述了阶级冲突的经济根源和无产阶级产生、发展的历史过程。生动地描绘了英国工人难以忍受的生活状况和劳动条件，指出无产阶级的这种地位必然促使它去争取本身的最终解放。本书所论及的无产阶级革命和社会主义等新思想、新观点，为唯物史观和科学社会主义的创立作出了贡献，为科学社会主义奠定了坚实的基础。同时本书为马克思创立科学的政治经济学，完成巨著《资本论》，提供了许多观点和材料，对无产阶级政治经济学的创立也起了巨大的作用。从实践意义看，这部著作全面、深刻地揭示了无产阶级所处的低贱的社会地位和他们为彻底改变这种地位而斗争的必然性，在当时对提高无产阶级觉悟和推动国际共产主义运动，发挥了巨大的历史作用，成为国际无产阶级开展革命斗争的有力的思想武器。具体地说，第一，《英国工人阶级状况》一书中的统计数据和资料，也充分反映了工人阶级各种状况的发展变化。如大城市的工人数成倍的增长，工人犯罪的案件也相应增多，工人的死亡率也迅速上升，穷人反对富人的斗争愈来愈激烈；又如大城市人口中的工人所占比重日益增强，工人中的女工、童工人数所占比重加大，城市工人中的爱尔兰人所占比例增加，以及工人中患热病、肺结核等疾病的人愈来愈多等等，都反映了工人阶级前后时期人数对比的增长情况，也反映了人口中工人阶级的比重增长的变化，是当时英国工人阶级情况的真实准确的描述。第二，恩格斯为了给社会主义理论找到可靠的坚实基础，肃清社会主义理论上的空想和臆造，考察当时社会一切灾难的最尖锐、最露骨的表现，就不能不用较长时期和巨大精力，从事考察当时英国工人阶级状况。因为英国工人阶级的历史是从 18 世纪后半期，从蒸汽机和棉花加工机的发明开始的。这些发明推动了产业革命，产业革命又引起市民社会中的全面变革，英国就是发生这样一种变革的典型社会、典型国家。所以，只有英国，才能就无产阶级的一切相互关系来全面地研究这个阶级。英国工人阶级在资本主义世界是具有典型性和代表性的。有了对英国社会的正确认识，就可以了解德国、法国等其他资本主义社会制度下的工人阶级的境况。

在人类历史上，英国工业革命因其划时代的历史意义而彪炳史册，一直为历史学家、经济学家、政治学家和社会学家所重视，有关的研究多且深入。在众多的关于英国工业革命的著述中，恩格斯的《英国工人阶级的状况》由于其较早地、系统地说明了工业革命动因、过程与结果，而成为经典。同时，恩格斯通过生动具体的第一手观察材料和大量官方公布的统计数据及各种政府机构发布的正式调查材料据，写作了《英国工人阶级状况》，全面研究了英国工人尤其是城市工人的生活状况，因此本书也是了解19世纪中叶英国社会的一部重要著作，既有鲜明的时代特征，又为我们提供了研究19世纪英国工人阶级状况的可靠材料。

第二节　时代价值

一个多世纪过去了，对于现代的大多数中国人来说，《英国工人阶级状况》里描写的那些残酷的现实已经变为历史。现代工人状况已经有了很大改善，但仍然有很多突出的问题存在。无论对于发达国家还是发展中国家，工人阶级生活、工作状况，永远值得重视。不管工人的地位有多大提高，生活状况有怎样的好转，工人阶级的就业、失业、保险、工资、福利、教育、养老、医疗、子女等问题永远值得重视和研究。

恩格斯在《英国工人阶级状况》一书中对资本主义社会的工人阶级状况进行了科学的调查研究和分析综合，揭露了资产阶级同工人阶级之间的阶级斗争日益尖锐化，并指出工人阶级进行社会主义革命是不可避免的。尽管由于客观条件和主观条件的发展变化，这一预测没有在英国的社会发展中实现。但在其他国家，人民群众在工人阶级的领导下，已在世界一部分土地上获得革命胜利，建立了社会主义国家。在工人阶级领导下的社会生产的目的，是满足人民群众日益增长的社会生活的需要，这必然要把社会生产同社会生活两个方面紧密地结合起来，使整个社会得到协调发展。在此不仅要求经济上和社会发展上各自有宏观的综合平衡的发展，而且更重要的是要求全社会有宏观的综合平衡的发展，这是整个社会发展规律性在系统工程上的必然要求。而社会生产同人类社会生活要有计划、按比例地发展，就必然要求社会统计制定全社会的综合统计指标体系。因此，对社会统计的研究，特别是对人类社会生活方面的研究，在党的领导下，必然有重大的发展。

关注民生，特别是低收入群体和弱势群体的生存与生活，是国家社会的基本责任。顾名思义，民生问题是指国民的生活问题，孙中山将民生问题概括为衣、食、住、行四要素。不过，时代在发展，民生问题的要素也在不断变化。改革开放初期，民生问题主要是城乡居民的衣食之忧，解决当时的民生问题也主要是解决人民的衣食之忧，不要再饿肚子和不要受冻。现在绝大多数城乡居民进入了小康生活，面临的突出问题便是如何更好地解决住、行的问题，以及其他新的生活需求。因此，跟计划经济时代相比，当下更加突出地显露出教育作为民生之基、就业作为民生之本、收入分配作为民生之源、社会保障作为民生之安全网的重要性。对每一个国民而言，没有教育机会就不可能接受现代文明，也不可能成为高素质甚至合格的劳动者；教育机会、接受教育的程度，正决定着每一个人的生存和发展机会及生活质量，教育已成为国民立足社会的基础。同时，就业是民生之本，解决就业问题就是要让每一个劳动者、每一个家庭有一个稳定的工作岗位、有一个稳定的生活来源，而失业、就业不足或就业不充分，既是社会问题，更是家庭与个人的严重问题，失业带来的往往是家庭生活的危机与困境。收入分配决定着城乡居民的收入渠道与生活来源，除了就业获取收入外，在市场经济条件下，实际上还有多种收入渠道，收入分配是针对整个社会财富的，合理的收入分配体制不仅能够推进效率与发展，而且有利于社会公平、进步与和谐。在现时代，我们不仅需要按劳分配、按资分配、按智分配，还要有按需分配，只有多种分配形式并存并且合理组合，才能在促进效率的同时也促进社会和谐发展。当然，现时代的民生问题除了上面这些，还有民主与社会和谐，从物质到精神，从精神到政治、文化，民主与法制，体面与尊严，都已经成为必须考虑的重大民生问题。

恩格斯提供了现代社会研究可资借鉴的方法。《英国工人阶级状况》充分体现了恩格斯历史唯物主义的从现实出发的基本研究路径，也就是从生活走向科学的路径。在“致大不列颠工人阶级”的信中恩格斯就指出：“我寻求的不仅仅是和这个题目有关的抽象的知识。”而在“序言”中则进一步指出“为了给社会主义理论，同时给那些认为社会主义理论有权存在的见解提供坚实的基础，为了肃清 pro et cont ra（赞成和反对）社会主义理论的一切空想和臆造”，就必须研究无产阶级的实际境况。为此，恩格斯进行了长达 21 个月的社会调查，亲自到工人的住宅中观察他们的日常生活，同工人们交谈，了解他们的疾苦以及他们反抗压迫者的社会政治统治而进行的斗争。在调查中，恩格斯又结合了观察法、访谈法、统计法、文献法和对比法，搜集整理了许多有用的数据，通过这些数据来反映当时的社会现象，而这些数据用现代社会学的眼光来看，就是属于社会指标范畴的。可见，恩格斯为我们提供了一种以社会调查为基础的朴实的实证性研究方法。

《英国工人阶级状况》对于诸多社会科学研究具有重要的启示意义。《英国工人阶级状况》是对工业化初期人与自然的关系、人与人的关系、人与自身的关系的全景素描，对于正在走进工业化现代化的国家来说，有着重要的警示价值。正因为如此，这部著作才得到社会科学领域的广泛关注。就国内来说，已经有学者开始在现代工人道德、现代环境问题、现代城市发展、现代贫困人口、现代阶级斗争、现代文学、社会学统计方法等方面研究

《英国工人阶级状况》的时代价值。可以想见，随着研究的不断深入，《英国工人阶级状况》会越来越受到人们的重视。

《英国工人阶级状况》一书出版已有近 170 年的历史了，但它的立场和观点对当今社会的发展，对于中国特色社会主义建设，仍然具有一定的指导意义。

知识链接

1．宗法：是指调整家族关系的制度，起源于父系氏族社会对祖先的崇拜。宗法制度是由氏族社会父系家长制演变而来的，是王族贵族按血缘关系分配国家权力，以便建立世袭统治的一种制度。其特点是宗族组织和国家组织合而为一，宗法等级和政治等级完全一致。这种制度起着维护政治等级制度和稳定社会秩序的作用。

2．珍妮纺纱机：1764 年英国兰开郡的纺织工詹姆斯·哈格里夫斯，制成以他女儿珍妮命名的纺纱机。这是最早的多锭手工纺纱机，装有 8 个锭子。“珍妮机”不但效率高，而且纺出的纱质量也比较好，因此哈格里夫斯的生意不错，“珍妮机”也渐渐流传开来了。珍妮机的出现，使大规模的织布厂得以建立。珍妮机的发明是第一次工业革命的开端。

3．水力纺纱机：英国钟表匠阿克莱特发明了水力纺纱机。这种水力纺纱机有 4 对卷轴，以水力作动力，纺出的纱坚韧结实，但比较粗。水纺机体积大，带动的纱锭多，不适合家庭作业。阿克莱于1771年在曼彻斯特开办了第一座以水纺机为装备的纺纱厂，他在厂里设置了好几部水纺机，每步带动几千个纱锭，雇工300人，走上了工业资本发财致富的道路。阿可莱的事业也不是一帆风顺，他的工厂使个体纺纱工破产失业，失业的工人联合起来向阿克莱报复，1776年一天，失业的纺纱工人袭击了工厂，砸烂了水纺机，差点要了阿克莱的命，不久又有人控告阿克莱剽窃他人成果，阿克莱败诉，他的水纺机专利被取消，但他的工厂总算保留下来了，而且整个纺纱领域都普遍使用了水纺机。

4. 骡机：发明人克伦普顿在发明这种新式纺纱机时，从骡子身上得到了启发，所以就把自己发明的纺纱机叫'骡机'。他在珍妮机锭子牵伸的基础上，吸收了阿克莱水纺机滚筒牵伸的优点，增加了一个至关重要的滑动架，滑动架上按这旋转的锭子，新纺出的纱线绕在锭子上，滑动架前后移动，轻轻地把精纺的纱线绷直。1779年，一台继珍妮机之后具有里程碑意义的走锭精纺机诞生了，它纺出的纱支既细又坚韧，比印度棉纱还要精细，而且效率高。骡机使精细的棉纱堆积如山，创造出巨大财富，成千上万个童工，在嗡嗡的骡机上每天工作长达18小时。

5. 蒸汽机：约1679年法国物理学家丹尼斯·巴本在观察蒸汽逃离他的高压锅后制造了第一台蒸汽机的工作模型。约与此同时萨缪尔·莫兰也提出了蒸汽机。瓦特并不是蒸汽机的发明者，在他之前，早就出现了蒸汽机，即纽科门蒸汽机，但它的耗煤量大、效率低。瓦特运用科学理论，逐渐发现了这种蒸汽机的毛病所在。从1765年到1790年，他进行了一系列发明，比如分离式冷凝器、汽缸外设置绝热层、用油润滑活塞、行星式齿轮、平行运动连杆机构、离心式调速器、节气阀、压力计等等，使蒸汽机的效率提高到原来纽科门机的3倍多，最终发明出了现代意义上的蒸汽机。

6. 曼彻斯特：英国第三大城市，英格兰西北区域大曼彻斯特郡的都市自治市、城市、单一管理区，英国重要的交通枢纽与商业、金融、工业、文化中心，全球排名26名的曼彻斯特大学坐落在此。曼彻斯特发展新兴工业，成为以电子、化工和印刷为中心，拥有重型机器、织布、炼油、玻璃、塑料和食品加工等700多种行业的国际化城市。作为自由贸易，经济自由化和合作运动的先导的曼彻斯特市对英国经济有着极强的影响力。曼彻斯特与特拉福德、泰姆赛德、索尔福德、斯托克波特等城镇联合成曼彻斯特地区。从以工业城市发展成为以金融、教育、旅游、商业、制造业为特色的繁华的不夜城，曼彻斯特是英格兰主要的工业中心和商品集散中心，曼彻斯特是英国除伦敦以外最大的金融中心城市。

7.《泰晤士报》：诞生于1785年元旦，创始人是约翰·沃尔特。诞生之初，称为《每日环球纪录报》（The Daily Universal Register），也有资料翻译为《世鉴日报》。1788年1月1日，正式改为如今的名称。约翰·沃尔特同时也是《泰晤士报》的第一位总编。约翰·沃尔特曾经因为诽谤罪而入狱16个月。然而正是在约翰·沃尔特执掌时期，《泰晤士报》最先将新闻视角延伸至英国之外的其他欧洲国家，尤其是法国。这为《泰晤士报》在政界和金融界内赢得了很高的声誉。是英国的一张综合性全国发行的日报，是一张对全世界政治、经济、文化发挥着巨大影响的报纸。目前，《泰晤士报》隶属于鲁伯特·默多克的新闻集团。长期以来，《泰晤士报》一直被认为是英国的第一主流大报，被誉为“英国社会的忠实记录者”。《泰晤士报》在英国国内政治和国际关系问题上扮演了重要角色。在被鲁伯特·默多克收购之后，《泰晤士报》的风格逐渐趋向保守。

8. 济贫法：英国历史上颁布的关于社会救济的法律。产生于16世纪，一直延续到1948年。16世纪英国圈地运动迫使众多农民背井离乡，沦为流浪汉，失业现象日益严重。英国统治者被迫考虑救济贫民问题。

1572年，英格兰和威尔士开始征收济贫税，1576年又设立教养院，收容流浪者，并强迫其劳动。1601年颁布第一个重要的济贫法。授权治安法官以教区为单位管理济贫事宜，征收济贫税及核发济贫费。救济办法因类而异，凡年老及丧失劳动力者，在家接受救济；贫穷儿童则在指定的人家寄养，长到一定年龄时送去做学徒；流浪者被关进监狱或送入教养院。

斯图亚特王朝于1662年通过《住所法》，规定贫民须在其所在的教区居住一定年限者方可获得救济。1723 年的济贫法更进一步规定设立习艺所，受救济者必须入所。由于在执行中弊端丛生，1782 年的法律又作出相反规定，把原料发给有劳动力的贫民在家作工，只把年老及丧失劳动力者集中起来救济。

1793 年对法战争开始后，各地发生抢粮事件，于是伯克郡济贫官员于 1795 年 5 月在斯皮纳姆兰村开会。决定向收入低于公认最低生活标准的工人提供补助，即所谓“斯皮纳姆兰制”，用以缓和阶级矛盾。到 1832 年，除诺森伯兰及达勒姆两郡外，英国各郡均实行“斯皮纳姆兰制”。

9. 托利党：英国政党，产生于 17 世纪末“托利”一词起源于爱尔兰语，意为不法之徒。在 1679 年议会讨论詹姆斯公爵是否有权继承王位时，赞成的人则被政敌称为“托利”。19 世纪中叶演变为英国保守党。托利党人参加了 1688 年的“光荣革命”。1714 年汉诺威王朝建立后的半个世纪中，托利党在政治上一直处于在野地位。18 世纪中叶，托利党成为以土地贵族和上层英国国教徒为核心的政治派别，代表着英国贵族，地主和英国国教上层教徒的利益。1760 年，逐渐成为执政党。在法国革命时期，一批温和的辉格党人转而支持在 W·皮特（小）领导下的新托利党。工业革命后，托利党逐渐向资产阶级保守主义转变，以适应政治经济发展的需要。该党在教会和国家关系、保护关税政策和反对天主教问题上仍然保持旧偏见。到 19 世纪中叶 R·皮尔内阁时期，托利党发展成为保守党。也有人认为，托利党是于 1833 年改称保守党。

10. 马尔萨斯：马斯·罗伯特·马尔萨斯牧师（Thomas Robert Malthus，1766 年 2 月 13 日 - 1834 年 12 月 23 日），出生于一个富有的家庭，1784 年被剑桥大学耶稣学院录取。他的主修科目是数学。1791 年他获得硕士学位，并且在两年后当选为耶稣学院院士。1797 年他被按立为圣公会的乡村牧师。他是英国人口学家和政治经济学家。马尔萨斯理论对现代进化论创始人达尔文和阿尔佛雷德·华莱士产生关键影响。达尔文在他的《物种起源》一书中说，他的理论是马尔萨斯理论在没有人类智力干预的一个领域里的应用。达尔文终生都是马尔萨斯的崇拜者，称他为“伟大的哲学家”。华莱士称马尔萨斯的著作是“……我所阅读过的最重要的书”，并把他和达尔文通过学习马尔萨斯理论，各自独立地发展出进化论，称作“最有趣的巧合”。

11. 巴士底狱：原名“巴士底要塞”，“巴士底”在法文中意为“城堡”。它始建于 12 世纪，建成初期是军事城堡，目的是防御百年战争英国人的进攻，所以就建在巴黎城门前。后来因巴黎市区的不断扩大，巴士底要塞成了市区东部的建筑，失去了防御外敌的作用，也因此于 14 世纪末被改为王家监狱，专门关押政治犯，巴士底要塞也成为了法国专制王朝的象征，也就有了后来“巴士底狱”的名字。文学家伏尔泰就曾被关押于此。1789 年 7 月 14 日的早晨，巴黎的起义者攻占了巴士底狱，攻占巴士底狱成了全国革命的信号。各个城市纷纷仿效巴黎人民，武装起来夺取市政管理权，建立了国民自卫军。在农村，到处都有农民攻打领主庄园，烧毁地契。不久，由人民组织起来的制宪会议掌握了大权。这一年，制宪会议颁布了“废除一切封建义务”的“八月法令”，紧接着又通过了著名的《人权宣言》，向全世界庄严宣布了“人身自由，权利平等”的原则。

12. 谷物法：谷物法（或称“玉米法案”）是英国于1815—1846年强制实施的进口关税，藉以保护英国农夫及地主免受来自从生产成本较低廉的外国所进口的谷物的竞争。它规定了国产谷物平均价达到或超过某种限度时方可进口。其目的是维护土地贵族的利益。

13. 工会，或称劳工总会、工人联合会。工会原意是指基于共同利益而自发组织的社会团体。这个共同利益团体诸如为同一雇主工作的员工，在某一产业领域的个人。工会组织成立的主要意图，可以与雇主谈判工资薪水、工作时限和工作条件等等。工会产生于西方的工业革命时期，当时越来越多的农民离开赖以维生的农业涌入城市，为城市的工厂雇主打工，但工资低廉且工作环境极为恶劣，在这种环境下，单个的被雇佣者无能为力对付强有力的雇主，从而诱发工潮的产生，导致工会组织的诞生。1900年美国琼斯夫人所领导的工会运动，就是一个很好的例子。

工会在很多国家，相当一段长的时间内属于非法组织，当局对成立非法组织工会处以酷刑，甚至有的处以死刑，尽管如此，还是存在各种工会，并逐步获得政治权利，从而导致工会组织的合法化，也催生了各国劳工法或工会法的诞生。

随着20世纪后期新自由主义的兴起，各已发展国家的工会势力都有所衰减。在美国，1950年大约有1/3的工人加入工会，而2003年时仅剩13%；一些高移动性的产业（如制造业）在面临工会运动时，往往以迁厂作为要胁。此外，美国工人组成工会须向全国劳动关系局连署，并在监督下进行选举；但在连署后至投票前这段时间，资方可以采用各种手段对付尚无谈判权的劳工。

20世纪30年代诞生的全美汽车工人联合会（UAW）是美国最大工会，不仅人多势壮，而且有政治和经济势力，UAW拥有9亿美元的罢工基金，能够承担得起一场持续两个多月的罢工，一旦集体罢工，整个工厂将陷入瘫痪。例如1998年所发生的通用汽车工人罢工，仅旗下两个零部件厂罢工54天就带来22亿美金的损失。2007年9月24日，通用汽车旗下7.3万员工发动全国性罢工，结果通用汽车不得不签署昂贵的劳资协议，包括建立医保信托基金、保证在美国投资等。因此美国汽车工人每个小时值55美元（含福利制度），比在美国南部设厂的日本汽车企业高出25美元，生产同样车型的中国工人则仅为每小时1.5美元。巨额的福利待遇，例如全额支付的医疗费用、法律咨询、对子女的照顾、退休金、假期、教育补贴以及失业保障金等加剧了美国汽车工业的衰退。《纽约时报》记者米什莱恩·梅纳德在《底特律的没落》

一书称"无形中使每辆车的成本增加了1 200美元"。2008 年底美国国会参议院否决了总额为 140 亿美元的汽车业救援方案。原因在于共和党人坚持要求三大汽车公司在 2009 年就将员工工资降低，而汽车工会却计划在 2011 年才下调工资。

早期的美国工会，只是一些地方行业工会，带有强烈的封建领地性质。随着时代的迁移，工会开始进行全国性的串连，美国最大的工会联盟美国劳工联合会－产业联合会（AFL－CIO）合并时有1 600万个会员。美国记者罗伯特·费奇（Robert Fitch）出版的《出卖团结：腐败如何毁害了劳工运动，削弱了美国的前程》一书中，批评了美国工会存在的问题，书中指斥工会体制本身有三大症状：腐败、分裂、孱弱，"美国的 2 万多相对独立的地方工会，如同封建领主一样。工会大多有自己的垄断地盘，在自己的地盘里有与资方的独家谈判权，向在地盘里的工人们征收会费。工会领导掌控了'工会就业'机会的分配，得到就业机会的工人与工会领导形成庇护关系，工人视领导为恩人，忠诚于这些领导。这些工会更像半独立的封建领地，而不像是为劳动人民的共同利益而斗争的劳工组织。"今日美国工会存在着大量的黑帮渗透，芝加哥的黑帮掌控了"劳联"。1957 年美国顶级黑帮人物在纽约州碰头，56 人中有 22 人是工会领导。

14. 英国宪章运动，19 世纪 30—40 年代在英国发生的争取实现人民宪章的工人运动，是世界三大工人运动之一。宪章运动的目的是，工人们要求取得普选权，以便有机会参与国家的管理。

"普选权问题是饭碗问题"，工人阶级希望通过政治变革来提高自己的经济地位。

英国是第一个进行工业革命的国家。19 世纪时被称为"世界工厂"。光荣革命以后，《权利法案》和《王位继承法》等一系列法案在实际上确立了议会高于国王的原则，并对议会和国王的关系作了明确的规定，杜绝了回复到君主专制时代的可能。但是，这些法令并没有造成政治制度的任何重大变动，在此后的 100 年间，英国政权基本上仍为土地贵族和金融资产阶级所把持，而真正能够享受到资产阶级民主权利的人十分有限。19 世纪 20—30 年代，英国完成了工业革命。随着工业革命的完成，英国的商业和运输业也有了很大的发展。因此，英国工业资产阶级的力量壮大起来，他们志得意满，进而要求取得政治的统治地位。1832 年议会改革，他们的政治要求得到满足，登上了统治地位。工人阶级在议会改革运动中支持了资产阶级，但是结果一无所得，政治上依然处于无权的地位。于是工人阶级决定掀起一场争取普选权的运动。

1842 年 5 月 2 日，伦敦街头人山人海，浩浩荡荡的工人队伍来到国会下院，宪章派全国协会的负责人向下院递交了全国宪章派第二次请愿书。

请愿书上写道："尊敬的贵院就它现在的组成来说，既不是由人民选出来的，也不是由人民作主的。它只为少数人的利益服务，而对多数人的贫困、苦难和愿望置之不理。"

请愿书还指出，在英国“统治者穷奢极欲，被统治者受苦挨饿”。例如，维多利亚女皇每天的收入是164镑17先令60便士，她的丈夫亚尔伯特亲王的收入是104镑20先令，而千百万工人每天每人的收入只有两三个便士。

请愿人员认为，在人民没有获得政权之前，消灭某一种垄断并不能使劳动者从贫困的状况中解脱出来，而在人民获得政权以后，所有的垄断和所有的压迫形式都应该停止。请愿人员所说的“垄断”，指的是当时对选举权和纸币的垄断，对机器和土地的垄断，对报刊和宗教特权的垄断。

这份有300万人（约占英国成年男子的一半）签名的请愿书再次要求把《人民宪章》定为法律。

《人民宪章》是1837年由伦敦工人协会向国会提出的一份请愿书，它提出年满21岁且精神正常的男子都有普选权，选举投票应秘密进行，废除议会候选人的财产资格限制，国会每年举行一次改选，平均分配选区。

次年5月，这份请愿书公布后，被称为《人民宪章》，1839年在请愿书上签名的有125万人。

1840年7月，各地宪章派的代表在曼彻斯特召开了大会，宣告成立全国宪章派协会。它的宗旨是“实现下院的彻底改革，使下院能全面地忠实代表联合王国的全体人员”，为了“达到这一目的，只宜采取和平和合法的手段”。协会在全国各地设有几百个分会，入会者须交纳会费，它是近代第一个工人政党的萌芽。

1848 年，在欧洲大陆革命风暴的推动下，宪章运动再度高涨。

第三次全国请愿书进一步提出，劳动是一切财富的唯一来源，劳动者对于自己的劳动果实享有优先权。人民是权力的唯一来源。在请愿书上签名的有 197 万人。伦敦、曼彻斯特、伯明翰、利物浦、格拉斯哥等城市的工人举行了声势浩大的示威游行。

4 月 10 日，全国宪章派第 3 次代表大会的代表把请愿书装在 4 套华丽的马车上向国会驶去，途中遭到宪兵的镇压。国会拒绝接受请愿书。接着，政府下令解散全国宪章派协会。

另外，工人阶级之所以发动宪章运动，也是英国工人阶级本身的阶级意识提高的结果。比如他们已经意识到自己在大工业生产中的重要性，同时又意识到自己的劳动未能得到相应的报酬；也认识到靠个人的努力无法在大工业制度下争得应有的物质改善和社会地位；他们思想中也出现了诸如阶级斗争、大罢工、摆脱议会民主的幻想等一些新因素。

列宁评价英国的宪章运动是“世界上第一次广泛的、真正群众性的、政治性的无产阶级革命运动”。宪章运动标志着英国无产阶级开始作为一支独立的政治力量登上了历史舞台，揭开了同资产阶级争夺政治权力的斗争的序幕。

宪章运动虽然失败了，但它在英国历史及国际工人运动历史上仍具有重要意义。宪章运动是世界上第一次工人阶级的独立的全国性政治运动，它所取得的经验和教训，对以后国际工人运动起了很大的借鉴作用；宪章运动的经验，对马克思和恩格斯创立科学社会主义理论产生了重要影响；促进《共产党宣言》的发表，宪章派的斗争也为英国工人阶级争取到一些胜利，为了避免宪章运动的重演，后来的资产阶级政府不得不对工人阶级的斗争作出一些让步；宪章运动失败后，运动的参加者中有一部分人迁居美国、澳大利亚或新西兰，他们把民主思想的种子传播到这些地方，为这些地方民主运动的发展作出了重要贡献。同时宪章运动也产生了巨大的影响，英国议会制的民主化进程是经过了近300年的漫长时期才得以完成的，它是英国工商业资产阶级与广大人民群众特别是工人阶级和土地贵族、大资产阶级进行长期斗争的结果。而宪章运动无疑对英国的政治民主化进程产生了重要影响，19世纪后半期的历次选举改革运动，都不同程度地受到宪章运动的影响，到20世纪初，英国基本上实现了公民的普选权，资产阶级的代议制政治逐步得到完善。

在英国的宪章运动中，工人阶级和人民群众为争取普选权的英勇斗争，极大地鼓舞了欧洲各国的工人阶级。他们采用和平或武装斗争的方式，为争取民主权利而进行不屈不挠的斗争，推进了欧洲资产阶级民主政治的进程。